杨丽　刘世凯　主编

跟着名家学写作

河北出版传媒集团

河北教育出版社

图书在版编目（ＣＩＰ）数据

跟着名家学写作 / 杨丽，刘世凯主编． -- 石家庄：
河北教育出版社，2022.9（2025.1重印）
ISBN 978-7-5545-7226-9

Ⅰ．①跟… Ⅱ．①杨… ②刘… Ⅲ．①作文课－中小
学－教学参考资料 Ⅳ．① G634.343

中国版本图书馆 CIP 数据核字 (2022) 第 171211 号

书　　名	**跟着名家学写作**
	GENZHE MINGJIA XUE XIEZUO
主　　编	杨　丽　　刘世凯
副 主 编	柴　迎　　孙志敏
编　　者	白硕哲　刘晓云　刘彩霞　李　亚　宁红霞　康鹏宏
	张海芬　陈桂叶　韩攀平　温　静　石　坤

责任编辑	陈　娟
装帧设计	张尧杰

出　　版	河北出版传媒集团
	河北教育出版社　http://www.hbep.com
	（石家庄市联盟路705号，050061）
印　　制	廊坊市佳艺印务有限公司
开　　本	787毫米×1092毫米　1/16
印　　张	17.5
字　　数	180千字
版　　次	2022年9月第1版
印　　次	2025年1月第2次印刷
书　　号	ISBN 978-7-5545-7226-9
定　　价	78.00元

写在前面的话

有这样一群老师，他们带着孩子一本一本读名家经典，慢慢读，细细品，享受名家经典的魅力，享受孩子悄然无声的生长，享受语文滋润生命的幸福；有这样一群孩子，在老师的引领下，与一个个名家相遇相识，鲁迅、叶圣陶、宗谱、泰戈尔、方素珍……这些名家成为孩子们追随一生的文学知音。

这群人就来自河北省石家庄市守望常青藤书院。

2017年暑期，"名家经典阅读研修班"在河北省石家庄市举办。研修班得到了200余名语文教师的认可，更新了当时语文教学的理念，在燕赵大地上掀起学习"名家经典阅读"的氛围，守望常青藤书院的创办者孙志敏和柴迎两位老师全程听取培训内容。为了帮助更多的孩子阅读名家经典，两人创办了守望常青藤书院，打造石家庄第一家以儿童文学为主的阅读馆，开创了"跟着名家学语文"文学经典阅读的雏形。

为了更好地践行"跟着名家学语文"的教学理念，孙志敏和柴迎两位老师不止一次跑到杭州我的家里，当面请教教学实操及课程落脚点，并邀请我给老师们进行线上备课指导，从最初的名家老舍做起，现依托古今中外48个名家，逐一研读每个名家对应的课内单篇文章及拓展阅读书籍，研发出以"名家"为中心的系列阅读课程。目前，守望常青藤书院研发团队已经研发出一至六年级288个教学课例，经过自主研发、名师指导、教学实践、评改修订，逐步探索出一条经典阅读的正道。

作为一线语文教师，最头疼的问题就是如何提高学生的写作能力，而很多孩子也苦于不会写作。为了激发更多的孩子爱上名家，爱上写作，守望常青藤书院组织编写了《跟着名家学写作》，该书以统编版教材为依托，从课文中提炼出孩子熟悉的名作家，如方素珍、泰戈尔、叶圣陶等，以"名家"为中心，按照"名家简介""名家作品赏析""写作攻略"等模块组织编写，突破了"以人文为中心"的"文选式"的教材局限性，打通阅读与写作的通道，给全国语文教师及孩子提供一个写作的途径，为孩子和名家搭建一个相识的桥梁。

而今，《跟着名家学写作》即将出版，欣喜之情油然而生。实践证明，这些被名家经典浸泡过的孩子，所呈现的作品自然带有名家语言的味道，读起来如同与一个个名家进行心灵的对话。名家作品带给孩子们的是新鲜的语言、柔软的心灵，在名家的文字世界中，孩子们学会了蹲下来观察自然万物，和它们说说话，让城市的孩子嗅到了人间烟火气息，更尝到了生活的味道。孩子们跟着叶圣陶爷爷学写作，笔下的风景，不再是简单的景色，更是人与景色的融合，与自然生命的对话。这样的作品源于孩子们在名家文字里的持续浸泡，跟着名家东走走，西看看，处处有观察，事事有感受。孩子的感受力被唤醒，写出来的作品才是真实的，带有温度的。这便是——生命的教育。

最后，祝愿守望常青藤书院能引领更多的孩子持续深入阅读名家文学，并且让文学名家成为值得孩子一生追随的文学知音，这是守望常青藤书院的愿景，更是每一个语文教师的使命。

刘发建

2022 年 8 月 8 日

目　录

第一章
跟着方素珍学写作

李亚　石家庄市西苑小学

名家简介

～～～～～～～

一位"花婆婆"，足迹遍布东南亚和中国五十多个城市。她可不是资深旅行家，而是致力于儿童绘本阅读推广工作的儿童文学作家——方素珍。

方素珍，中国台湾儿童文学作家，长期从事童诗、童话及绘本故事的创作和翻译。共出版童话、童诗、图画书、翻译改写作品等八十余部。代表作有《我有友情要出租》《妈妈心·妈妈树》《祝你生日快乐》《萤火虫去许愿》《明天要远足》《可爱动物操》《真假小珍珠》《方素珍童话Pizza》《你想要一颗星星吗？》等童书，并翻译了《花婆婆》《是谁嗯嗯在我的头上》《米莉的帽子变变变》《巫婆的孩子》等童书。她被大家亲切地称作"花婆婆"，就是来自译作《花婆婆》。

方素珍在1990年转向绘本工作，看似偶然，其实是与她更早期写童诗的经历分不开的。1975—1990年间，方素珍创作了五六十首童诗。她的童诗语言简练易懂，善于揣摩儿童心理、运用儿童思维，在普通的题材中发现独特的写作角度，往往呈现出与众不同的光彩。比如《小威钓鱼去》《鱼饵》《收获》，这三首诗都是写钓鱼这件事，但人称视角不同，诗作营造出的心理氛围也就不同。《小威钓鱼去》描写的是一个叫小威的孩子蹲在岸边焦急地等待鱼儿上钩；《鱼饵》写的是一条小鱼面对鱼饵的诱惑时矛盾的心理活动；《收获》则显得更高级一些，父子俩钓上了三条鱼，但把它们想象成鱼小弟、鱼爸爸和鱼妈妈，又都放掉了，虽然没钓到鱼，但"收获"了博爱的胸怀。这三首诗足以看出方素珍在对待普通生活题材时，选择切入点的巧妙。

方素珍觉得自己写诗很随性、凭感觉，有时会直接把儿子的童言童语改编成故事，纯粹为了好玩有趣，自认为没什么大道理可讲。但是，当我们仔细揣摩她的童诗时，就会发现，那些看似无聊的童言和游戏，正是孩子们成长道路上很有意义的过程，是润物细无声地影响着孩子的思维与表达。人们常说"童言无忌"，童言童语会把简单的又常被成人忽略的感悟一下子铺到面前，从而唤醒驻在成人心里的儿童时代。方素珍的童诗，很适合亲子共读，孩子读得懂、有共鸣，家长能通过童诗走进孩子的内心世界，也觉得自己想要说教的道理往往就藏在诗里。孩子们喜欢一首诗，首先是因为新鲜有趣，还因为他们在诗中能够找到自己和周围人的生活。比如《"爱"这个字》这首诗写出了中国家庭普遍拙于口头表达"爱"的现象，在诗中仿佛看到了自己一家三口的日常生活——虽未说出口，却从不缺席的生活之爱。《不说话》描写了一个电影片段中找袜子的情景，相信每位小读者都会有所反思：我的袜子是不是也乱扔乱放了呢？我的衣服呢？我的文具呢？家长再加以引导，孩子会慢慢养成整理自己物品的好习惯。《输赢之间》和《星星》细致地描写了儿童在面对作业和考试时的心态，有得意，有心虚，有懊丧……小读者们会在诗中对号入座，家长会思考怎样帮助孩子正确排解学业压力。

　　如今很流行的一个观点：一个人的精神发育史就是他的阅读史。好的儿童文学作品能够对儿童起到启迪智慧、滋润心灵的作用，在人生起跑线上所受到的鼓舞比途中听到的加油声可能更加深远持久。如果在童年时期能够拥有美好的阅读体验和积累，那么以后的人生之路就会阳光明媚。方素珍的绘本和童诗就是优秀儿童文学作品中的代表，"花婆婆"带着她的作品，依然行走在更多的城市间。她希望看到更多的小朋友们拉着大人一起阅读，那将是非常美好、温馨的画面。

名家作品赏析

～～～～～

方素珍的童诗风趣幽默，来源于儿童生活，贴近儿童生活，充满想象和内涵，读起来朗朗上口。作家对于小孩子的心理捕捉得很准确、很细致，让我们在笑声中获得有益的启迪。她爱写诗，诗里藏着一个个故事；她爱写故事，故事里藏着一首首小诗。

从她的作品中，不难发现，诗中的童趣不是刻意追求的，而是因为她发自内心地喜欢孩子。方素珍把自己当作长不大的孩子，走进儿童的世界，说他们想说的话，写他们爱读的诗。她的叙事故事和童诗往往产生于新颖的、儿童化的构思，站在儿童的立场，构思出新颖奇妙的情节而产生趣味。

方素珍的童诗字里行间满溢浓浓的"爱意"，或其乐融融、艳阳高照，或理解包容、雨过天晴。诗人借一首首有趣的小诗，把日常生活中我们容易忽略的爱送进每位大读者、小读者的眼中、心中，让我们体会到家的温暖、家的烟火气、家的相伴相依。

《我想要》这首诗采用了短诗较常见的三段式结构。诗中通过我和妈妈、姐姐之间的对话，加以丰富的想象，从神秘迷人的天空到爸爸口中充满烟火气息的一口锅，读来不禁让人倍感幽默，还深深感受到这家人的温馨快乐，这不正是千千万万个家庭中的一个缩影吗？

在《"爱"这个字》中，"爱"是一个沉重而轻松的字眼，对于热情的人来说，随口就可以说出来，但对于大多数传统的中国人来说，往往羞于直接表达，却将浓浓的爱付诸一件件大大小小的事情中，践行于一个个踏踏实实却又看似很平常的行动中。在诗中仿佛看到了自己一家三口的日常生活——虽未说出口，却从不缺席的生活之爱。爱不仅可以说，更要用行动来表达。这首小诗就是用行动来表达爱。

> "爸爸从来没说过
>
> 妈妈也没提起过
>
> 我更不好意思说
>
> 爸爸把它藏在
>
> 我的零用钱里
>
> 妈妈把它放在
>
> 我的饭盒中
>
> ……"

看，这就是诗人笔下最平平淡淡的爱，容易让人习以为常，甚至忽视，可它正如空气、阳光雨露般滋养着我们的身心，让我们每天生活在幸福里。

再看《请开门》，家里的这道门是家人幸福的一个期盼，尤其对于盼望爸爸妈妈下班回家的孩子们，这道门真的是给他们带来快乐啊！读这首诗的小朋友们是不是也曾经眼巴巴地盼着父母早点下班回家，听着楼道里的脚步声，盼望着门早点被打开？"爸爸朗朗地说请开门，他的笑声回来了。妈妈温柔地说请开门，她的温柔回来了。"不同性格的父母跃然纸上，相同的爱意流淌进孩子的心中，"我打开门，我的幸福都回来了"。这是一定的，因为"我"有爱"我"的爸爸妈妈，这就是幸福的童年。平平淡淡的生活小事，却充满诗意。

读《不说话》这首小诗，就像在看一场"不说话的电影"，没有写吵架的经过，只写了吵架后的气氛和人们的表情，空气有些小小的紧张。

> 他们吵完架
>
> 好像变成了哑巴
>
> 空气很静
>
> 全家人开始表演
>
> 不说话的剧情片
>
> ……

诗人用了童诗常用的比喻的修辞手法，把这种场景比作"不说话的电影"。是电影就会有情节，后来的镜头里又会发生什么呢？通过镜头的移动，描绘人物的表情，把爸爸找不到袜子的窘态描写得惟妙惟肖，用反复的手法写爸爸"抓一抓头"，不禁引得我和妈妈哈哈大笑，由"哑剧"变成"有声电影"，在嘻嘻哈哈中，所有的不开心烟消云散，这就是一家人，互相关心、理解、包容。

再看《爱哭鬼》，在这个"二胎时代"，家里的"战争"是不可避免的，遇到一个爱哭鬼妹妹更是让哥哥头大。小妹妹爱哭，哥哥不知如何是好。

"不打你

不消气

想打你

怕你哭"

不打她吧，"不消气"；打她吧，怕她哭得更凶——实际上是舍不得，也不敢打。真是让哥哥为难啊！这可如何是好？聪明的哥哥想到了踩影子，"影子踩影子根本不会痛"。可是幼稚的妹妹还是哭，让人读来忍俊不禁，笑哥哥的无奈，笑妹妹的可爱。踩着踩着踩出了"爱幼"，笑着笑着笑出了"童趣"。

方素珍的童诗除了源于生活，还有关于学校课堂的，她通过描写一个个可爱的小心思、小梦想，展现了学童们学校生活的小小缩影，通过一幕幕小情境，可洞见孩子们对待学业的心理状态，也从中感受方素珍童诗丰富的想象。

《输赢之间》和《星星》《发呆》采用了比喻的修辞手法来抒发情感，细致地描写了儿童在面对作业、考试、听课时的心态，有好胜，有得意，有心虚，有懊丧，有走神，有侥幸……这个"我"把自己看成习武的小侠，把老师看成传艺的师父，在出招、接招、躲招之间，小读者们也会在诗中对号入座，老师会反思如何对孩子加以正确引导，家长会思考怎样帮助孩子正确排解学业压力。

大自然也有自己的语言，你们瞧，在方素珍的诗《不学写字有坏处》里，小虫和小蚂蚁借一片树叶的小洞洞来互传情谊，一条线、一个洞，都是很形象的信号，也是一种文字符号，可不巧的是它们彼此都看不懂对方写了些什么，真是着急啊！需要小朋友们来帮忙"破译"，你能读懂树叶洞洞的意思吗？小诗借拟人的手法，讲了一个好玩的故事，读完让人感觉妙趣横生，却又浮想联翩，也许你会和小虫、小蚂蚁一样，找来一片叶子，写满各种心思，抑或去用心聆听大自然中的各种语言。

每个人都会有美好的梦想，对于小孩子们来说更是如此，有不切实际的美梦，也有可怕的噩梦。《梦》这首诗运用想象的手法，呈现了孩子们三个不同的梦，从梦中可以看出许多潜藏在孩子内心的渴望和追求、忧虑和恐惧……或许孩子通过简单的"梦的解析"，也可以从梦中了解自己，发现自己。

《小威钓鱼去》讲了钓鱼这种休闲活动，有时真的靠运气。越想钓到鱼，反而钓不到，越是放平心态，没准收获颇丰。

小威心里想

鱼儿会上当吗

小威和爸爸 等着

　　　蹲着

站着

站着

　　蹲着

　　　等着

在这"蹲着、站着、站着、蹲着……"动作和诗行反复转换、跳动之间，可见钓鱼者的急切心理，但又得忍着，不能出声。钓鱼真是"累并快乐着啊"。

《鱼饵》这首诗采用拟人的修辞手法，以"鱼宝宝"的口吻来写，却能够让人读着读着像是在自言自语，当孩子们面对一颗糖、一个玩具的诱惑时，是不是也像这条小鱼一样这么纠结呢？从"闻闻看"到"尝尝看"，从"好想吃一口"到"只吃一口"，最后"哎哟 / 我的妈……"终于被钓上了钩，把小孩子的小心思表现得淋漓尽致。这首诗很风趣，风趣中又包含着讽喻，让小读者在笑声中获得一点有益的启迪。

《收获》讲的更像是人与鱼、鱼与饵、人与自己的一场较量。人用"饵"诱骗水中鱼，鱼儿吞饵，浑然不觉会因此丢掉自己的性命。奇怪的是，钓鱼的父子每当鱼儿咬钩后，都要找出理由将鱼放走。在垂钓中的收获已经不仅限于钓到鱼，还有钓鱼的心境、放生的虔诚，即使空手而归，却已收获满心欢愉，精神世界得到很大满足。

读方素珍的童诗，童真童趣跃然纸上，童年的美好永存心中。我们还可以阅读方素珍的《明天要远足》精选诗集的其他小诗，也可以读一读方素珍的图画书（原创和译本），全方位、多角度地走近这位名家，了解这位名家，爱上这位名家，追随这位名家，让我们的童年浸泡在方素珍的可爱文字中，读出自己，悦纳自己，进而跟着方素珍学写童诗。

写作攻略

跟着方素珍学写作，我们可以这样做。

一、**积累修辞**。方素珍的童诗一般多采用比喻、拟人、排比、想象等修辞手法，风趣、幽默、好玩、可爱、有故事……在朗读中，我们要用心感受这些有趣的地方，积累语言和修辞，为自己创编打下基础。

二、**学习童诗的节奏、韵味**。方素珍的童诗诗行排列短小精悍、有节奏、有跳动，读起来自然也会有节奏、有韵味。方素珍的诗行会跳舞，读出来像唱歌一样有旋律，读着读着，我们就有了语感，也就是节奏感，这样我们写出来的诗歌也会出现节奏和韵味。

三、**演绎童诗，唤醒生活体验**。童诗不仅可以读，还可以演一演，和同伴演，和家人演，演着演着就进入了角色，演着演着就变成了小诗人，然后把我们演的故事写下来吧。

四、**跟着方素珍乐读、想说、爱写**。读完"花婆婆"这一首首童趣盎然的小诗，相信大家也会在诗中找到自己的影子，愿意和他人来说说自己，如果能试着用诗一般的句子来说，练习口语表达，若再加上一些有趣的比喻、想象就更妙了。我们可以先说一说，再写一写，一步步走进童诗的王国。

五、举办方素珍童诗沙龙。方素珍专题阅读结束后，我们可以举办"童诗沙龙"，读方素珍的诗，读自己创作的诗，可以邀请家人进行亲子共读，评选"诗歌达人"。

六、**自编诗集**。我们可以把自己创作的小诗进行收集整理，做成纸质或电子诗集，进行展览、传阅。

优秀作品展示

鱼 的 狂 欢

陈芊羽　河北师范大学附属小学三年级 6 班

池塘里有小鲫鱼、小鲤鱼、小青鱼和小草鱼。

有一次，天下雨了。小雨点敲打着灵韵池的石头，在小小的假山上敲出声音来了，好像姥爷屋里挂钟的钟摆一样：滴答！滴答！

于是，一群小鱼儿走出来了，小鲫鱼、小鲤鱼、小青鱼和小草鱼们一听见这雨声，都走出来了。她们好像在马戏团里表演一样，排成小队，走出池塘，到这水面上，站在雨中……

她们要在那里狂欢——

小雨点为她们伴奏，她们身体轻快地跳着舞。她们不时摇着尾巴，带起朵朵水花。

小雨点为她们伴奏，她们身体轻快地跳着舞。她们张开嘴巴，用动听的歌声陶醉了身边的树木和花草。

雨停止了。她们的狂欢也停止了。这时，阳光照在池塘里，池塘里一片温暖，那些小鱼儿们显得多么快活，她们狂欢过了，却还在期待下一次狂欢的到来。

指导教师：白硕哲

和太阳赛跑

马梓涵　石家庄市东风国际小学一年级5班

早晨，妈妈开车带我去上班，我抬头发现太阳在跟我们赛跑。

一会儿我们跑得快，一会儿太阳跑得快，一会儿太阳跟我们在同一起跑线上。

你瞧，太阳多么调皮，它穿过一栋栋小房屋，又穿过一排排树林，它在树林里奔跑着。我们到底谁能赢呢？

我们的车子跑呀跑，转呀转，太阳一会儿在我们的侧方跟我们赛跑，一会儿在我们的前方。它用金晃晃的阳光，照在我们的眼睛上，照得我们的眼睛都要看不见啦。

太阳，太阳，你好调皮呀！

指导教师：石　坤

鸟 与 花

刘锦程　石家庄市长安东路小学二年级 1 班

找哇找，找不到，

鸟找花，花找鸟，

鸟往山后躲，花往草里找。

找哇找，找不到，

鸟找花，花找鸟，

花往河边躲，鸟往森林找。

一会儿找，一会儿躲，它们在果园碰头啦！

指导教师：韩　熠

一二三木头人

司一涵　石家庄市长安东路小学二年级1班

树叶不听话，

悄悄落下来。

白云不听话，

悄悄变图形。

柳叶不听话，

悄悄摇哇摇。

指导教师：韩　熠

小蜗牛做画家

孙佳煊　石家庄市长安东路小学二年级1班

小蜗牛做画家，

天天在叶子上这啃啃那咬咬，

一会儿啃一个小爱心，一会儿咬一个小三角，

不停地创作，

不一会儿就做出了一个美丽的小房子。

指导教师：韩　熠

和小蝴蝶做游戏

刘梓楠　石家庄市长安东路小学二年级 1 班

小蝴蝶真调皮，

在我的手上跳来跳去。

小蝴蝶真调皮，

用我的彩笔在身上乱涂乱画。

小蝴蝶真美丽，

在空中翩翩起舞。

小蝴蝶真有趣，

追着我跑来跑去。

指导教师：韩　熠

画　家

田诺萱　石家庄市长安东路小学二年级 1 班

风儿是画家，

它在画纸画了碧绿的小草，

高高的大树，

火红的花儿，

湛蓝的天空，

还要画些什么？

风儿想不起来，

它抬头一看，说："哦，还有云朵。"

画上云朵，

这幅画就完美了。

风儿在画纸上画上了云朵，

这幅画看起来非常完美。

指导教师：韩　熠

音 乐 家

王欣语　石家庄市长安东路小学二年级1班

披着绿色大褂的青蛙音乐家，

它非常受欢迎，

它每天都会唱出动听的歌儿，

呱，呱，呱，呱……

小蝴蝶过生日啦，

小蝴蝶邀请了青蛙音乐家过生日，

青蛙音乐家唱出了自己写的生日快乐歌。

小蝴蝶开心极了，

青蛙音乐家也开心极了，

大家都开心极了。

指导教师：韩　熠

调 皮 的 风

徐紫扬　石家庄市长安东路小学二年级 1 班

调皮的风，和我玩捉迷藏，

可，它太调皮了。

我想看一看它，

却看不见，

我想摸一摸它，

却摸不着。

我好伤心，

它就来轻轻地抚摸我。

后来，

它钻进了我的衣服里，

我一拍，

终于捉住这个调皮的风了。

指导教师：韩　熠

水果们的捉迷藏

赵紫龙　石家庄市长安东路小学二年级 1 班

水果们好无聊，

它们好想捉迷藏。

苹果来当捕捉者，

其他水果来躲藏。

橘子躲到冰箱里，

变成冰橘子；

香蕉躲到柜子里，

结果被找到。

鸡蛋也要玩，

鸡蛋躲到烤箱里，嘣，鸡蛋爆炸了，

鸡蛋哭着说："我再也不玩捉迷藏啦。"

指导教师：韩　熠

又 大 又 小

魏嘉辰　石家庄市东风西路小学一年级 8 班

我忽然可以很大，

忽然又会变得很小。

我考试得 100 分的时候，

觉得自己很大。

我拿不到衣服的时候，

觉得自己很小。

我写字的时候，

觉得自己很大。

姥姥不让我玩"火把大作战"的时候，

说我还小。

妈妈让我写童诗的时候，

又说我长大了。

一会儿大，又一会儿小……

这是怎么回事儿？

指导教师：徐家明

就我一个人

魏嘉辰　石家庄市东风西路小学一年级 8 班

就我一个人的时候，

闭上眼睛，我真快活。

我是一条聪明的青蛇，

我是漂亮的百色彩笔，

我是有用的百科飞书。

反正，

我想什么，

就是什么。

可是，

一睁开眼睛，

唉！

我还有一分钟要迟到了。

唉！

可怜的我。

指导教师：徐家明

幸 运 铅 笔

郭锦然　石家庄市东风西路小学一年级 17 班

如果给我一根幸运铅笔，

我要用它变出些什么呢？

奔驰、宝马 、法拉利，

和哥哥同样的电话手表。

除了这些，我更想要——

一只会叫我起床的公鸡。

还要一个红帽子的小人，

每天陪我打篮球吧！

不，不，

比起这些，我更想要，

当大老板……

那该多好呀！

指导教师：樊小云

快 乐

张桐菲　石家庄市东风西路小学二年级 10 班

我的快乐，

在于山水之间。

我的快乐，

也在于天地之间。

我，

最爱的是生机。

我，

又热爱自然。

我的快乐，

或许是对小草说声："你好！"

对小狗拥抱，

对蜜蜂微笑，

对自己的明天充满期望。

指导教师：刘　沛

我喜欢小狗

马绍博　石家庄市东风西路小学二年级 4 班

你是一只小狗，

聪明又可爱，

从我妈妈手里偷香肠吃，

多么狡猾又机智！

活该！

谁叫妈妈看手机，

只把香肠扔在旁边。

再说妈妈又不吃。

她要不吃就坏了，

不吃白不吃。

也许你吃了这根香肠，

会活泼无比，

追着自己的尾巴，

满园子跑。

指导教师：宋彦霞

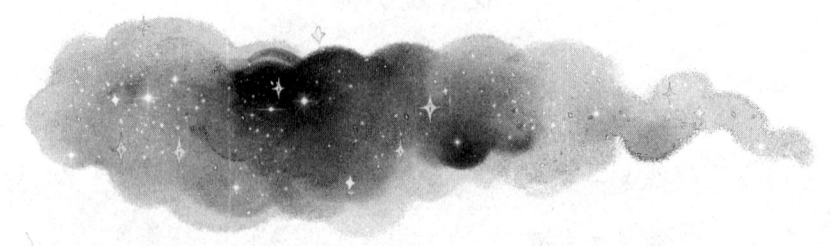

天 上 的 星

崔译文　石家庄市长安东路小学二年级1班

天上的星可真有趣，

有时像勺子，喂小熊吃饭。

有时像小鸟，在天空中唱歌。

有时像眼睛，看着大地。

有一次，月亮和星星一起出来了，

我想星星只能当妹妹了。

指导教师：韩　熠

第二章

跟着郭风学写作

宁红霞　邯郸市复兴区复兴小学

名家简介

著名文学评论家王炳根这样说过："再没有这么纯净、天真、透明的老人了，他的文是干净的，人也是干净的。他就是个小顽童，有一颗孩子的心……"

这位老人就是中国著名的散文家、散文诗作家、儿童文学作家郭风，一位学识渊博、妙笔生花却又童真至纯的老人，他就像一颗灿烂的文学之星，闪亮在中国的文学天空。

郭风原名郭嘉桂，回族，出生于福建莆田城关书仓巷一个书香门第家庭。他的童年非常不幸，不到 3 岁，父亲就去世了，母亲靠变卖典当、帮人洗衣服、做女红等养家糊口，辛辛苦苦把他拉扯长大。但这些，读者在他的作品中是丝毫看不到的。在郭风的笔下，一切都是那般宁静和美好，处处渗透着纯美、幸福的情致。

郭风突出的文学成就在散文方面，他的散文多表现闽南乡间风光和具有乡土特色的生活情景，表达他对乡土和祖国深厚的热爱之情。郭风的作品从来不是宏大的叙事，都是写一朵花，一片叶子，一棵小草，最多写到树、山，他的特点在于把你平时见到的不起眼的东西写得诗意盎然。在郭风笔下，莆田果树花草都散发出迷人的香味，树上的小鸟，花间的蜜蜂，都变成了可爱的小天使。莆田的小吃，即便是兴化米粉、海蛎汤、稀饭和地瓜、焖豆腐，都是世间最好的美味佳肴。正是由于对莆田这片土地爱得深沉，家乡的风土人物、山川秀色，他才会随手拈来，皆成美文。

郭风把自己毕生的精力献给了散文、散文诗和儿童文学的创作事业，先后出版了 50 多部作品。著有童话诗集《木偶戏》《火柴盒的火车》，童话散文集《鲜花的早晨》《蒲公英和虹》《早晨的钟声》《蒲公英的小屋》《月亮的船》，散文集《小小的履印》《灯火集》《搭船的鸟》《洗澡的虎》《在植物园里》等，还有众多的散文诗集、论文集、古籍译注。多篇作品被选入大中小学教材，童话集《红菇们的旅行》获全国第二次少年儿童文艺创作二等奖，《孙悟空在我们村里》获中国作家协会儿童文学奖一等奖，《郭风散文选集》获第五届全国少数民族文学骏马奖和鲁迅文学奖，散文集《黄巷集》获 1995 年台湾金鼎奖，《汗颜斋文札》获第六届全国少数民族文学骏马奖，以及许多省级奖、报刊奖。

郭风 1957 年加入中国作家协会。1991 年首批获得国务院授予的"为我国文化艺术事业做出突出贡献专家"称号，系福建省文联秘书长、副主席，福建省作协主席，中国散文诗学会会长，中国作协理事、全委会名誉委员，文学创作一级，全国劳模，并当之无愧地获得福建省文学艺术界"德艺双馨"的崇高评价。

名家作品赏析

～～～～～～

　　郭风的儿童散文，大多以一个偏远而宁静的闽北山村为背景，他叫它松坊村。在郭风笔下，松坊村的一切都像是被他施了魔法一般，全都活起来、动起来了，活蹦乱跳地演绎着它们的动人故事。散文《下雨》《花的沐浴》《虹的滑梯》《伞店》在郭风的笔下演绎着一个个纯真与美好的童话世界，自然界的万物都是那么清新那么美。这些被爱和温情点亮的文字，读来让我们的心柔软地沉静下来、清亮起来，眼前仿佛被带来一缕山野的清风，让我们能嗅到阳光和草的清香，听到虫鸣和溪水的歌唱。并且读着读着你还会发现好像与生活中的某一个场景重叠了，仿佛在向大家证明：其实小孩子的日常生活也是具有丰富的"文学性"的。

　　郭风写景绘物，使人如临其境，是风景画家、风俗画家与抒情诗人才能的神奇统一。他还提倡"五官开放"的写作思想，意思是面对生活，要将视觉、听觉、触觉、味觉等全面开放起来，从不同的角度去观察与感觉生活。也就是说，作家不仅是忠实地记录与描写生活中的一切，更重要的是用心灵去感受和表现生活中的一切。《大黄牛和小喜鹊》《月亮和松鼠》《蒲公英的小屋》《松坊溪的冬天》这4篇散文用诗一般的语言描绘了大自然中美好的事物，就像为我们展现了一幅幅色彩斑斓、灵动活泼的画卷。平时看似平凡、普通的景物在郭风笔下变成了一个有声有色、多姿多彩的世界，质朴清新，饶有情趣。

郭风创作的《孙悟空在我们村里》是一篇童话色彩非常浓郁的散文，曾获中国作协儿童文学奖一等奖。这篇散文描写了小主人公一家生活在松坊村，由于喜欢读《西游记》，幻想有一天唐僧师徒四人来到自己所住的村子里，和村子里所有的孩子们、动物们一起快乐地玩耍。作者巧妙地通过孙悟空在我们村的经历，描绘出了松坊村的美丽景色，把大自然的千姿百态和童话人物的奇思妙想融为一体，打造了一个五彩斑斓的童话世界。不仅让我们认识了很多动植物，还和童话中的人物开启了一段奇妙无比的旅程。

读完这一组童话散文，我们还可以再来读一读郭风的其他作品：长江文艺出版社的《搭船的鸟》，这本书收录了《搭船的鸟》《孙悟空在我们村里》《鸟们的歌》《枫树上的喜鹊》《洗澡的虎》《松坊溪的冬天》等经典作品。它会带着我们去领略草丛间的童话，去欣赏松坊村雪景之外更多更好玩的事情。

写作攻略

〜〜〜〜〜〜〜〜〜〜

跟着郭风学写作，我们可以这样做。

一、**用心朗读**。郭风的文字清新自然、朴实静谧，我们可以在每一个早晨用心朗读，在多次、反复地朗读中感受童话的意蕴。在具体的语境中体会角色的心情，和自己的生活联系起来，让文本真正走向自己的内心，从而去感受文中的纯真与美好，积累和更新生动的语言。

二、**留心观察、大胆想象**。大自然包罗万象，妙趣横生，只要我们细心观察，放飞想象，就会像郭风一样，看到一个奇妙的世界。

三、**心中有爱**。郭风说，真正鼓舞他孜孜不倦创作的重要因素，是对生活的爱，对自然的爱，对历史和人民的爱，对土地的爱。走近郭风，让我们内心柔软，感受美好。

四、**诗意荡漾**。郭风笔下的一花一草，一石一鸟，都有着别样的美，像一幅美丽的画面，又像一首绝妙的乐曲，我们也可以到大自然中去体验，去创造诗一样的优美意境。

优秀作品展示

〜〜〜〜〜〜〜〜〜

刺猬和狐狸的运动场

张锦笛　河北师范大学附属小学三年级 6 班

在野外的树林里，刺猬妹妹和狐狸弟弟一起建造了一个运动场地。这个运动场地有一个足球场、一个篮球场、两个乒乓球台，还有用来踢毽子、跳绳的空地。旁边还有一个小凉棚，摆放着许多小椅子、小凳子，还有一张桌子，桌子上放着很多纸杯，用来让小动物们喝水。

刺猬妹妹和狐狸弟弟都说，这是给动物的小孩子玩耍、游戏和运动的地方。

这一天，是星期六。

太阳刚升上来不久，动物的孩子们听见铃声响了。

这是狐狸弟弟摇响的铃声，他在运动场小凉棚的柱子上装了一个好看的铃铛，这铃铛用松鼠尾巴上的毛做了装饰。

于是，小猫、猴子、兔子、小狗、小羊还有黄牛这些邻近的动物孩子们都跑来了。这里瞬间变成了动物们欢乐的天堂。

小猫和小狗在足球场上跑来跑去，你追我赶，跑得浑身是汗；猴子在凉棚和大树之间窜来窜去，他累了就把尾巴缠在树枝上休息；一群小兔子在空地上欢快地进行跳绳比赛；小羊和黄牛一来一往地打乒乓球；长颈鹿和犀牛在篮球场上激烈地比赛着……

玩累的动物们都到凉棚那里，坐在小椅子、小凳子上喝着水，边喝边聊天儿。

清晨的太阳照在宽敞的运动场地上，动物们快乐地玩耍游戏着。

在野外的树林里，有狐狸弟弟、刺猬妹妹一起建造的一个运动场地，这里是动物们的天堂。

指导教师：白硕哲

小猪开超市

李佳伊　河北师范大学附属小学三年级 6 班

一只聪明又能干的小猪，用自己勤劳的双手，在树林旁开起了一家超市。由于服务态度好，店开得很红火。

有一天，一只小猫来到超市，小猫说："给我来几条冻干金鱼。"

小猪回头看看货架上的货品，不好意思地说："抱歉，我们这里只有牛肉，没有冻干金鱼。"小猫听后伤心地走了。

第二天一早，小猪就去进货场进了一大桶新鲜金鱼和冻干金鱼。这时，小狗来到了超市，小狗气喘吁吁地说："给我来几根酱大骨。"

小猪尴尬地说："对不起，我们这里只有新鲜的金鱼和冻干金鱼，没有酱大骨。"小狗失望地走了。

第三天凌晨，小猪又去进货场进了一大盒的酱大骨。就在这时，小鸟来到了超市，小鸟面带微笑地说："请给我来几只新鲜的小虫子，我要给我家鸟宝宝吃。"

小猪面红耳赤地说："对不起，我们这里只有酱大骨，没有小虫子。"

小鸟语重心长地对小猪说："小猪呀，你不能听了小猫的话就按小猫说的去做，听了小狗的话又按小狗说的去做，你也得为大家着想啊。"

小猪惭愧地低下了头。

后来，小猪去进货场进了各种各样的食物，有小虫子，有胡萝卜，还有瓜子等各种各样美味又健康的食物。

从此以后，小猪的超市开得越来越红火了。

指导教师：白硕哲

啄木鸟开森林超市

赵雪琦　河北师范大学附属小学三年级 6 班

一个冬天的早晨，爱思考的啄木鸟看见大家储存的食物不多了，于是啄木鸟决定开一家森林超市。因为啄木鸟觉得虫子的营养价值高，所以啄木鸟运来了大批的虫子。

第一位顾客是兔小姐，它穿着一身雪白的礼服，来到了森林超市。兔小姐问："这里有胡萝卜吗？"啄木鸟回头看了一眼摆满了虫子的货架，挠了挠头遗憾地回答："不好意思，兔小姐，没有胡萝卜，只有虫子。"可是兔小姐只喜欢吃胡萝卜，她失望地空手而归了。于是，啄木鸟把虫子收了起来，采购了大量的胡萝卜放在货架上。

第二位顾客是有着长胡须的猫先生。猫先生问："啄木鸟你好，请问这里有新鲜的鱼吗？"啄木鸟回头看了一眼摆满了胡萝卜的货架，叹了口气再次遗憾地回答："不好意思猫先生，只有胡萝卜。"猫先生失望地回家了。

啄木鸟想前两位喜欢的食物都不同，说明其他动物们喜欢的食物也都不同。于是啄木鸟采购了所有种类的食物，都放在了货架上，从此，森林超市变得越来越火爆，小动物们都能买到自己喜欢的食物了，啄木鸟和大家都开心极了！

指导教师：白硕哲

紫罗兰和月亮

闫梓桐　石家庄市东风西路小学二 5 班

有一个人，她在院里种了一些紫罗兰，紫罗兰越来越美丽，连小狗小猫路过都要停顿几分钟才能走开，你知道为什么吗？因为紫罗兰实在太香了。

这一天，紫罗兰们正在讨论："你看，那只蟋蟀在干什么？这么滑稽，哈哈哈！"突然，一个又低又细的声音说，"你们干什么呢？这么好玩儿。"这个声音把紫罗兰们吓了一大跳，紫罗兰们抬头往上看，一轮月亮在望着它们。

紫罗兰说："月亮姐姐，你想知道白天的事儿吗？""想啊。"月亮认真地听着紫罗兰读着日记。日记里是这样说的：

2 月 10 日　上午

太阳公公在热热地照着我们，我们太高兴了！

3 月 11 日　下午

太阳有点儿发烧，换乌云来上班啦。

4 月 9 日　中午

太阳真坚强，发着烧还来上班，不过，好像越上班越发烧，都要把我们烤熟了。

5 月 1 日　晚上

我们太累了，白天的太阳把我们晒晕了，我们也生病了。

听着听着，月亮睡着了，紫罗兰们也睡着了，再醒来，已经是白天了，新的一天又开始了。

指导教师：石　坤

······································

小猪的饭店

牛启睿　石家庄市育英小学二年级 2 班

小猪是一名特别优秀的饭店老板。有一天，来了一只秃鹫说："我想吃一碗饭。"小猪说："没问题，交给我吧。"十分钟后，香喷喷的饭上桌。秃鹫吃完饭连连夸好，付了十元走了。

不一会儿，小魔豆来了说："我要三碗饭。"二十分钟后，香喷喷的饭上桌了，小魔豆吃完饭，付了十元走了。小猪一个人开始发呆，他觉得自己吃亏了。

于是第二天，小猪立了一个牌子，上面写着每碗饭十元。大象带着自己的大海碗来了，递给小猪说："我要一碗大米饭。"小猪做呀做，整整做了一个小时，大象吃完大米饭，付了十元走了。

大蛇顶着自己的饭缸来了说："我要一碗饭。"小猪填呀填，填呀填，填了五个小时才填完，大蛇吃完饭，付了十元走了。

这时小猪看见自己没米了，伤心极了。第二天，秃鹫、小魔豆、大象、大蛇送来了十袋大米，小猪开心极了。小猪偷偷地把牌子拿走了，因为他觉得钱是买不到友谊的呀！

指导教师：刘晓丹

想飞的毽子

王晗聿　河北师范大学附属小学三年级6班

有一只毽子，它很渴望飞翔。它每天都说："要是我能像小鸟、风筝一样飞起来，那该多好啊！"

一天，它正在那里唉声叹气，有只小鸟飞过来问它："小毽子，你为什么这么沮丧呀？"它有气无力地说："小鸟姐姐，你每天过得好吗？我很想飞起来，像你那样。"小鸟回答："我每天过得很好，只不过我渴望的不是飞翔，而是像你那样，在地面蹦蹦跳跳。"说完小鸟飞走了。

毽子不甘心，便跳到了一个躺在地上的风筝旁边，羡慕地问："风筝女士，您飞到天上，看到那么美丽的风景，是不是每天都特别开心啊？"风筝回答："飞在天上，我可以看到广阔无垠的稻田，还可以抚摸柔软的白云，挺开心的。"毽子恳求道："那您可以带我去天上看看吗？"它说："可以呀！你坐到我背上来吧。"这时，一个小女孩拿起这个风筝，只见她边跑边放着风筝线，不一会儿，风筝就飞到了高高的天空中，毽子也跟着飞了起来。毽子终于飞起来了，它高兴地抖动着羽毛，好像在拍手叫好。忽然一股狂风刮来，毽子一下子落到了地上。

这时，一个小男孩捡到了毽子，开心地和他的小伙伴们踢起了毽子，毽子看着小朋友们开心的笑脸，自豪地说："我还是做我自己吧！每样东西都有它的优点、用处，不用羡慕别人。没准儿，别人还羡慕你呢！"

指导教师：白硕哲

企鹅的滑冰场

魏乙丁　石家庄市万信学校二年级2班

企鹅是一位非常厉害的滑冰教练，他的滑冰鞋都已经有点破损了，但他还在坚持当教练。他教的学生滑冰技术特别好，而且去考滑冰大学都得了第一名，如果不是第一名，那应该也是二三名了，反正就是一二三名。

今天又来了一位顾客，是小猴子，小猴子买了一双滑冰鞋，给了企鹅五元，然后企鹅就开始教小猴子滑冰了，教了两次它就学会了。小猴走了以后，小猫又来了，买了两双鞋，于是企鹅开始教小猫滑冰，还是教了两次学会的，教完后小猫给了企鹅五元，企鹅心想，小猴子买了一双滑冰鞋，小猫买了两双滑冰鞋，可是都给了五元，我是不是吃亏了？

于是企鹅在门口贴了一块告示牌，上面写：以后买鞋子，不论大小，按双算，一双十元。

小蚂蚁看到告示牌说："天呐，我这么小，居然要付十元钱。"

企鹅说："没办法，得按双算。"

蜈蚣说："那我这么多双脚要付多少元呀？"这时候蟒蛇来了，蟒蛇没有去买鞋，而是直接去滑冰，因为它没有脚，滑完冰后就直接走了。

企鹅说："你……这个……还没付钱呢。"蟒蛇说："我都没买鞋，付什么钱？"说完蟒蛇就走了。

狗熊也来了，他买了一双鞋，接着就开始学滑冰，学完后狗熊给了企鹅五元钱。等顾客们都走了，企鹅又开始想了起来："哎，最近怎么越来越亏啦？"正在企鹅头疼不已的时候，蟒蛇和狗熊来了，他们带着水果来了。

蟒蛇端着一筐冰凉的水蜜桃说："谢谢你教会了我滑冰。这筐水蜜桃给你，是为了感谢你教会了我滑冰，这样朋友们就不会嘲笑我不会滑冰了。"狗熊抱着箱鱼走过来说："这箱鱼也是送给你的，是你教会了我滑冰，这样我就成了熊群的老大了。"企鹅这时候是多么开心啊。

晚上等动物们都睡着了，企鹅偷偷把告示牌撤了下来，后来学滑冰的人越来越多了，企鹅真是高兴坏了。

指导教师：牛晓溪

小猪的零食店

陈佳怡　石家庄市宁源小学二年级6班

小猪开了一家网红零食店，生意非常红火。店里有彩虹糖、松子、香蕉干、压缩饼干等，小猪天天忙得不亦乐乎。

一天，小松鼠来到零食店说："小猪，我要买一袋松子。"小猪拿来一袋松子，递给了小松鼠，小松鼠付给小猪五元钱。这时候，小鹿来到零食店说："我要买两袋彩虹糖。"小猪递给了小鹿，小鹿付给小猪五元钱。这时，小猪愣住了，他心想："小松鼠买了一袋松子，花了五元，可小鹿买了两袋彩虹糖也花了五元。我是不是吃亏了呢？"就在这时，小猪想到了一个办法。

他找来一个牌子，上面写上：即日起，每袋零食五元钱。可是第二天，大象拿着一个巨型塑料袋，来到了小猪的零食店。大象说："请帮我装满压缩饼干。"小猪拿着巨型塑料袋来到仓库，铲了一铲又一铲，过了二十分钟，小猪把巨型塑料袋搬了过来。大象付给小猪五元钱。小猪心里想，这样下去可不行，如果这样就关门儿了。小猪郁闷极了。

第二天，大象背着一筐苹果来到了零食店。大象说："昨天谢谢你给我装了那么多饼干，这筐苹果送给你。"等大象走了，小猪悄悄地把牌子撤了，小猪这才知道，友情不是钱能买来的。

指导教师：王惠琳

"小红嘴"和"小牛奶"

万静怡　河北师范大学附属小学四年级5班

10月9日　星期六　雨

今天，我在照顾我家的两只小珍珠鸟时，惊喜地发现它们又下了一枚淡蓝色的、圆圆的小蛋。它静静地躺在鸟窝里，被木屑半遮着，像一颗小小的鹅卵石，又像一个被埋在金黄色的沙堆中的天蓝色贝壳，好看极了！

就在我盯着那枚蛋仔细观看时，"嘀哩嘀哩，啾！"公鸟"小红嘴"唰一下飞到了窝边，冲我不满地叫着，好像在说："别碰我的蛋，小心我啄你！"那样子，真可爱呀！

10月10日　星期日　晴

一大清早，我就迫不及待地跑到窝旁去看小鸟们的蛋宝宝。咦？昨天明明只有一颗蛋，今天怎么又多了一颗。看来"小红嘴"和"小牛奶"又有了一个孩子呢。就在这时母鸟"小牛奶"吃完早餐回来了，它噌地一下跳进窝里，然后蹲在两枚蛋上，使劲地拱啊拱的，直到把蛋全部捂住。突然，鸟窝晃了起来，天哪！"小红嘴"居然在啄鸟窝上的一根草！它在干吗？想拆家吗？接着，我发现它抽出稻草后扔进了窝里，"小牛奶"高兴地叫了两声，衔起稻草蹲在蛋上玩了起来。啊，原来"小红嘴"是觉得孵蛋没意思，给"小牛奶"当玩具的呀！

10月17日　星期日　晴

今天，"小红嘴"和"小牛奶"又下了一枚蛋。其他的蛋呢？它们已经孵化成两只小鸟了，它们是那么小，比一只甲壳虫大不了多少。它们是半透明的肉粉色，两只眼睛还没有睁开，被深紫色的眼皮包裹着，向外突着，活像金鱼的眼睛。它们不停地叫着"叽叽"，那声音十分难听。"小红嘴"和"小牛奶"紧张地望着我，突然"小牛奶"一下子跳进窝里，将嘴张开，让鸟宝宝的头伸进嘴里，我一阵紧张，"小牛奶"在干吗？它要咬掉小鸟的头吗？等它把嘴挪开，我朝窝里看了看，哦！还好，小鸟还是好好的。在一旁的妈妈看到我紧张的模样，笑着对我说："别担心，它只是在给小鸟喂吃的。"怪不得它们不叫了，原来是吃饱了呀！

过了一会儿，"小牛奶"走开了，我开始仔细观察小鸟宝宝，只见它们的毛是那样少，好像只有背上稀稀拉拉的几根，露出粉红色的皮肤，看上去弱不禁风。

两只小鸟里有一只稍大一点，一只小一点，我打算叫大的那只"仲仲"，叫小的那只"季季"。真希望它们能平安长大！

指导教师：郑晓婷

熊妈妈当老板

张禾雨　石家庄裕华西路小学二年级 3 班

熊妈妈的公司马上就要开业了。

斑马爸爸来庆祝："熊妈妈，恭喜你成为老板！"

"谢谢！"熊妈妈拍着手，高高兴兴地说。

斑马爸爸突然有个小心思，于是，他低声对熊妈妈说："熊妈妈，我想当你公司的招待，可以吗？"

"可以呀！"熊妈妈不假思索地回答。"不过，你得听从我的命令。"

"是！"斑马爸爸认真地说。

熊妈妈把 12 只小熊叫了过来。

"你去买菜。"

"你去准备蜂蜜。"

"你去打水。"

"你去买电脑……"

12 只小熊一窝蜂地跑到了大街上，斑马爸爸见状咯咯直笑。熊妈妈温柔地说："我觉得你现在帮不上忙，要不，你先回去吧。"

斑马爸爸还没迈开脚步，就听到熊妈妈的尖叫声："哎呀！真是忙中出错，怎么偏偏忘了买漂亮的黑白条纹衣服呢？这多不符合我的气质呀！"斑马爸爸激动地说："这件事儿就交给我来解决吧。"

过了一天又一天，熊妈妈的公司终于开业了。熊妈妈问斑马爸爸：

"你说给我的黑白条纹衣服呢？"

"在这儿呢！"斑马爸爸指着自己的身体，上面写着：欢迎光临。

"哈哈，"熊妈妈笑道，"原来是用你的毛做成的呀！太感谢你啦！"

"森林公司太有创意啦！"一只松鼠叫道，"他们接待的服饰太好看了。"

熊妈妈听了，不好意思地笑了。

指导教师：李春梅

我 的 日 记

黄霖灏　石家庄市新星学校二年级1班

6月14日　星期日

今天是端午节，早上我很早就起床了，蹦到爸爸妈妈的床上，高兴地喊道："今天是端午节，有美味的粽子吃！"我拉开窗帘，爸爸妈妈也很贪吃，听见有粽子，二话不说立刻跑到厨房去热粽子。我饱餐了一顿，拍了拍圆鼓鼓的肚子打了个嗝儿，这个端午节过得真美好。

6月21日　星期日

今天我上二年级啦，不再是那个调皮捣蛋的小孩子，我该佩戴红领巾啦。红领巾是红旗的一角。我有了新书，还加入了少先队，二年级的学生应该比一年级更听话懂事。我感觉幼儿园、一年级和二年级都是不一样的，我回家告诉了爸爸妈妈，我和爸爸妈妈都很高兴。

指导教师：刘立会

石 头 汤

张诗尧　石家庄市机场路小学四年级8班

空地上，一个慈祥的小老头坐在小板凳上，他的旁边还立着一个牌子，上面写着：万能爆物筒。

我想："这个小老头居然吹牛说自己的爆米花筒什么都能爆。"我故意捡了几块石头去祸祸一下那个小老头。

当我走到那个小老头的面前，小老头说："请问您想爆什么？"我回答："我想爆几块大石头。"那个小老头又问："你想爆成什么样的？"

我回答："我想爆成一大碗石头汤。"

小老头回答："好的。"随后，他就把我拿的石头放进爆米花筒里，几分钟过后……只听见"砰"的一声。

我看见那个小老头把刚刚爆好的石头汤倒在一个巨大的大碗里，那碗汤足足有十几斤重！外形像桌子一样大，我喝了一大口真香啊！现在我的嘴里全是石头汤的香味！

指导教师：李玉梅

五月的梧桐树

张语桐　石家庄市机场路小学五年级 7 班

五月大概是梧桐树最美的时候了。

梧桐树高大且笔直，树干的表面有一层干皮，用手轻轻一抠就会掉落，它的叶子茂盛得很。一棵挨一棵的梧桐树，静静地站在马路边上，给路过的人们撑起一片片的绿荫，人们可以在树下乘凉休息。

五月正是梧桐树开花的季节，花是淡白色的，看起来还有一些绿色。它的花朵在盛开之际会飘飘洒洒地落入大地，这时候我们小伙伴们都会跑到树下，伸着手仰着头，去接从树上掉下来的花朵，还会比赛看谁接得多呢。

梧桐树还有个美丽的名字叫五月雪，是啊，雪白的花朵从树上飘洒下来，不正是五月飘雪吗？

我们一边玩一边大口吮吸着梧桐花的香味，这一刻，置身在花的世界，自己仿佛也变成了花仙子。

这就是五月的梧桐，最美的，让人难忘的梧桐！

指导教师：陈　菲

教学楼里的"小客人"

田周册　河北师范大学附属小学二年级6班

丁零零，下课了，同学们争先恐后地跑出教室。我在经过打饭桌的时候，一歪头，看见一只小蚂蚱在窗台上不停地跳跃着。它是棕黑色的，阳光照在它身上，泛起浓浓的清亮的咖啡色。它的两只长长的跳跃足往后一收，集中力量往前一弹，就跳出一大截。

我猜，它是偷偷地爬到了打饭阿姨的靴子里过来的，它以为这里是它梦寐以求的地方，有吃也吃不完的麦子。可是现在才发现，这里连一粒麦子也没有，倒是充满了让它害怕的喧哗声，它那双鼓溜溜的复眼里像要流出一滴泪来。

我用两根手指轻轻捏住它的翅膀，很硬，又感觉很容易碎。同学们都围了过来，睁大眼睛看这只小蚂蚱。胆子小的连声尖叫，胆子大的也想摸一下。我走到走廊的栏杆边，一松手指，小蚂蚱往下掉了一米多，突然，它双翅一展摆正身子，飞进自由的光芒里去了……

指导教师：白硕哲

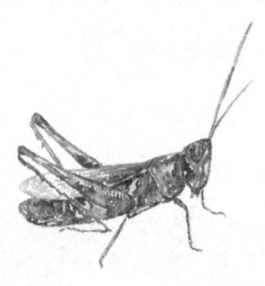

窗外有蓝天

李柯钰　邯郸武安市兰村学校四年级2班

一阵暴雨过后，便迎来了绚丽的彩虹，抬头看向天空，几朵白云正在玩着捉迷藏。太阳照射在大地上，阳光是那么温暖，那么舒服，那么美丽。

往窗外望去，那漂泊不定的白云让我陷入回忆。上周学习跳绳，开始我只能慢慢地跳，一个，两个……可就是不能持续很长时间，我感觉它是那么困难，那么无聊。我干脆将绳子一扔，坐在地上，宣告失败。这时，"失败是成功之母"闪现在我的脑海里，对，我不能放弃！我一跃而起，拿起绳子，开始反复练习。最终，我掌握了跳绳的技巧，我可以熟练地跳，甚至还会花样跳绳，以前我总是摔倒，现在根本不会摔倒了……"叽叽喳喳，叽叽喳喳……"一阵鸟叫把我拉回了现实。窗外一片绿色的草地搭配着几朵小花，湛蓝的天空加上几朵形状不同的白云，给人的感觉是那么愉快，那么清爽。

我喜欢天空，我更喜欢雨后的天空，因为它更加美丽动人。在它的笼罩下，大地还是湿漉漉的，可小草穿着"雨披"在玩耍，丝毫不觉得雨已经下完了，最重要的是雨后天晴的话，还会出现一条彩虹。

这一切告诉我们：每一个失败的背后都孕育着成功，只要你努力奋斗，希望就会存在。人生就像一条在海面上航行的船，会经历很多困难，需要不断与困难斗争。所以，失败后不放弃，一定会成功。风雨过后见彩虹！

指导教师：贺凯丽

父母的爱多么伟大

胡凝暄　邯郸武安市兰村学校四年级 1 班

在我心中，父母的爱是伟大的，是无私的。父母的爱无处不在，无论你身在何方，什么时候，父母的爱都会让你感到温暖。

我记得 4 岁的时候，有一次半夜 11 点 30 分的时候，突然觉得自己头很不舒服，便开始呜咽，爸爸妈妈听见我的呜咽声，便打开灯问我："怎么了，孩子，你哪里不舒服？"我说："我的头……很不舒服……"妈妈连忙用手摸了一下我额头，"啊，好烫！"爸爸马上把温度计拿来给我测了一下，"啊，体温快到 39 度了！"

于是，爸爸妈妈马上把我送到了儿童医院看病，爸爸忙着去挂号，妈妈则在一旁细心地照顾我，医生开好药方后，爸爸忙着去取药，我挂好盐水后，爸爸妈妈又安抚我入睡……在爸爸妈妈的精心照顾下，没过几天我的病就好了，爸爸妈妈却几夜没睡。

我心想："我生病了，爸爸妈妈都很着急，忙得几夜都没睡觉，真是太辛苦了。平时爸爸妈妈工作很忙，回家很累，我应该好好照顾他们，替爸爸妈妈分担家务，减轻爸爸妈妈的负担。

其实父母的爱是无法补偿的，我真想对他们说：爸爸妈妈我爱你们！"

指导教师：卢红书

第三章
跟着泰戈尔学写作

柴迎　河北守望常青藤书院

名家简介

～～～～～～

　　拉宾德拉纳特·泰戈尔（1861年—1941年），印度作家、诗人、社会活动家，诺贝尔文学奖亚洲首位获得者，被誉为"儿童诗人"。代表作有《吉檀迦利》《飞鸟集》《新月集》《流萤集》《园丁集》等。

　　这位世界文坛泰斗出生在印度西孟加拉邦加尔各答一个贵族家庭。在家里十四个兄弟姐妹中，泰戈尔是家中最小、最受钟爱的孩子，但家人对他并不溺爱。他进过东方学院、师范学院和孟加拉学院，由于生性自由，厌恶刻板的学校生活，泰戈尔并没有在学校里完成正规学习。即便如此，他也在家庭中接受了旁人难以企及的艺术熏陶。身为思想家的祖父，哲学家及宗教改革家的父亲以及身为社会名流的哥哥姐姐，使得泰戈尔的家庭成为加尔各答知识界的中心。在他的家中经常讨论政治问题、诵读新的文艺作品、表演戏剧等。所以他的文学成就绝非偶然，这种长时间的耳濡目染和艺术浸泡成为他生命中不可分割的部分。他从小就醉心于诗歌创作，8岁开始写诗，12岁开始写剧本，15岁发表了第一首散文诗《野花》，17岁发表了叙事诗《诗人的故事》，从此我们多了一个美丽的诗歌花园。

1913 年 11 月，泰戈尔因《吉檀迦利》而获得诺贝尔文学奖。然而在奖项的评定过程中却是存在争议的。当时瑞典诗人瓦尔纳 - 冯·海登斯塔姆大力推荐："我读了这些诗歌，深受感动。我不记得过去二十多年我是否读过如此优美的抒情诗歌，我从中真不知道得到多么久远的享受，仿佛我正在饮着一股清凉而新鲜的泉水。在它们的每一思想和感情所显示的炽热和爱的纯洁性中，心灵的清澈，风格的优美和自然的激情，所有这一切都水乳交融，揭示出一种完整、深刻、罕见的精神美。他的作品没有争执、尖锐的东西，没有伪善、高傲或低卑。如果任何时候诗人能够拥有这些品质，那么他就有权得到诺贝尔奖奖金。他就是泰戈尔。"经历了时间的洗礼和空间的传播之后，我们可以看到这位瑞典诗人的评价是中肯的、贴近诗人内核与本质的。

泰戈尔的心里是装着全人类的，面对中国人民的遭遇，泰戈尔先生在 64 岁时实现了第一次访华之旅，从此与中国结下了不解之缘。沈雁冰曾评论说"泰戈尔是一个人格洁白的诗人"，"一个怜悯弱者，同情于被压迫人们的诗人"。他一生同情中国，热爱中国，有着深厚的中国情结，他说："我不晓得什么缘故，到中国便像回故乡一样。"他曾三次访问中国，开启了二十世纪初中印文化交流。泰戈尔对中国的影响很大，他的诗歌给中国现代文学带来了很大的影响，启迪了郭沫若、徐志摩、冰心等一代文豪，其中许多作品多次被译成中文。尤其是冰心，是"中国最善学泰戈尔"的女作家，冰心自己也说："我写《繁星》和《春

水》的时候，并不是在写诗，只是受了泰戈尔《飞鸟集》的影响，把自己平时写在笔记本上的三言两语——这些'零碎的思想'收集在一个集子里。"

泰戈尔先生不仅信仰生命，还崇拜真挚热情的青年。在南京东南大学开讲座时，用完餐之后泰戈尔先生在草丛中休息，碰巧遇见了很多慕名而来的学生，也就在那里，临时进行了一场别开生面的交谈。有学生大胆地追问泰戈尔先生的年龄，先生便十分风趣幽默地回答："我已经64岁了。但我更愿意和孩子们在一起探讨文学，始终做一个少年，大家也一定不要把我当作老人看待。"此举更是惹来大家无尽欢笑。

泰戈尔的诗歌风格清新自然，带着泥土的芬芳。他以轻快、欢畅的笔调歌唱生命的枯荣、现实生活的欢乐和悲哀，富有激情，诗人通常会在诗歌中注重自我的表达，在广博的自然及人性的自由之间自由切换，认为世界是朝着绝对的善发展的，坚信恶最终将转化为善。读者只要一翻开来，便立刻如得到两只有魔术的翼膀，可以使自己从现实的苦闷的境地里飞翔到美静自由的自然国里。

泰戈尔是个世界诗人，他的足迹遍及亚洲、非洲、欧洲、北美洲和南美洲的许多国家和地区，他的作品享誉世界。读泰戈尔的诗，可以了解他所看到的生活，他看世界的方式，他对人生的思考，这不仅能使我们领悟人性之美，生活之美，还能促进我们更加积极地去观察、感受我们身边的世界，让自然——这个被我们逐渐忽视的乐园，重新焕发它纯净美好的魅力。

用泰戈尔的诗歌浸润孩子的童年，让孩子内心变得柔软，学会亲近自然，懂得感恩母爱；让孩子更加像个孩子：追风听雨，奔跑呐喊，驻足凝视，静心冥思。请收拾好心灵行装，装上爱、美、真、善，跟随泰戈尔一同游历美妙动人的诗歌乐园吧，孩子们需要这样的一次心灵洗涤。

名家作品赏析

～～～～～～～

　　泰戈尔的《新月集》是一首"童心之歌"，这是一个属于儿童的新月王国，在这个王国里，泰戈尔既有还原生活场景，刻画现实生活中真实活泼的儿童意象，也有幻想中的儿童意象，他将孩子的天性、自然的美丽与生活场景大胆又完美地融合，极其巧妙地写出了孩子的单纯与天真，他们依恋母亲，又渴望自由、尊重和平等。

　　《花的学校》中，泰戈尔通过儿童新奇的想象，把这种爱化作美丽的具体可感的形象：孩子觉得这些花儿们"是在地下的学校里上学"，六月的阵雨过后，"花孩子们"便放假了，他们"穿了紫的、黄的、白的衣裳，冲了出来"，兴高采烈地唱歌跳舞。它们喜欢自己的妈妈，喜欢扬起双臂，奔向亲爱的妈妈的怀抱，就像孩子一样追求自在的、不受拘束的生活。《天文家》中，妈妈就是月亮的化身，是光明的，是慈爱的。月亮是妈妈微笑的注视，月亮是妈妈低下头亲吻我们的脸儿，只要伸出双手就可以触摸到、感受到，阅读时要注意感受孩子的美好的童真。《金色花》中，孩子们又想象着把自己化作一朵金色花，陪妈妈工作，与妈妈游戏，时刻伴妈妈左右，阅读时要细细体会孩子对母亲如影随形的依恋。《商人》中，孩子们想象着自己成为商人，可以尽其所能为妈妈献礼，但他们所送来的不是"一堆一堆"的黄金和珍珠，而是稻谷、金色花、颤动的露珠，在孩子的世界中，这抵得上"七个王国"的首饰和珠宝。孩子的世界是多么纯净！

《花的学校》《天文家》《金色花》《商人》这四首诗歌表达了孩子对母亲的依恋和爱。泰戈尔的诗中还有一部分是体现一个成长的小生命自觉意识的复苏，他渴望自由，渴望尊重，渴望平等。泰戈尔站在孩子的角度，更多地还原生活场景，刻画现实生活中真实活泼的儿童意象。如果孩子在母亲那里得不到平等与理解，那么，"我要跑到树林里去，我就永不再让你抱我在你的臂里了"（《同情》）；他们渴望得到妈妈的理解和尊重，希望妈妈能够像对待"著作家"爸爸一样对待自己；他们希望独立成长，"同爸爸一样大"，可以自由地安排自己的事情；在孩子心目中，向往的"职业"是小贩、园丁、更夫，而之所以"向往"，仅仅是因为这些职业可以带给他们无拘无束的自由。孩子，是一个很珍贵的群体；儿童世界，是一个自由真实的世界，他们追求自由，想获得平等和尊重。泰戈尔认为，只有平等互爱才能使人世间和谐幸福，呈现出一种宁静、温馨的美。

泰戈尔的《飞鸟集》则是一曲哲理之歌，短小精悍，点亮了生命之光。诗中注重对自然的描写，一只鸟儿、一朵花、一棵树都具有人性与生命力。《飞鸟集》多为泰戈尔生活中的感触、思考，诗句短小却蕴含生命真谛。阅读它可以让我们找回对生活的热情，对生命的思考，对爱的重新认识；我们面对人生的失落与痛苦时，依然能充满激情，充满感动。它教会我们用爱去拥抱世界，用宽容去亲吻世界。

通过泰戈尔诗集的专题阅读，你的阅读兴趣被激发出来，渴望读更多泰戈尔作品。我们可以进一步阅读由梅子涵主编、华东师范大学出版社出版的《新月集·飞鸟集》，大家可以静静地畅游泰戈尔诗歌乐园，更深入走进泰戈尔的精神家园，成为这个家园中的一部分。

写作攻略

~~~~~~~~~~

跟着泰戈尔学写作，我们可以这样做。

一、**让心安静**。泰戈尔的诗从语言到风格，都充满着恬静、安谧的意境，我们可以用泰戈尔诗歌开启每一个美好的清晨，走进一个纯净的世界。通过朗读，积累好的语言。

二、**让爱围绕**。泰戈尔的诗是爱之诗，爱创造了世界，世界的本质就是爱。他常用爱表示人和自然的关系，唤醒我们对大自然、对人类、对万物的爱。亲近泰戈尔，让自己的心更柔软，更温暖。

三、**对话自然**。泰戈尔的诗歌中，自然万物和人类一样，会哭会笑，能说话，有感情，所以，我们要关注蓝天下的自然世界，留意一些美妙的瞬间带给我们的温暖、感动、思索与启发，我们要蹲下来，仰起头，发现自然的精妙，然后，像泰戈尔一样用三言两语记录这些"零碎的思想"。

四、**自编诗集**。我们可以开辟一个诗歌乐园，取名为"小小飞鸟集"，整理好自己生活中的"零碎的思想"，记录在"小小飞鸟集"中。

优秀作品展示

～～～～～～

大　人

王浩田　石家庄市东风国际学校三年级4班

我是一个学生，到18岁我就成大人了。

妈妈说："你看你，天天不看书……"

我打断她说："我已经长大了，我可以自理了。"

妈妈惊奇地说："啊，他已经长大了。"

当我写作业时，我的妈妈说："把字写好。""我已经长大了，我可以自己写字。"我对妈妈说。"对，他长大了，的确不用我管了。"

当我看电视时，妈妈说："你快把电视关了，已经到时间了。"我说："你不用管了。我已经长大了，自己可以管理时间。"妈妈自言自语说："对，我的孩子长大了，再也不需要我管了。"

指导教师：郭娜娜

小 虫 子

张耀晗　石家庄市东风国际学校三年级 4 班

爸爸，如果我变成一只小虫子，你会找到我吗？

我要爬到阳台上，看着你工作；我还会跑到你的电脑上，爸爸，你会不会把我赶走呢？

我还要爬到桌子上看着你吃午饭；你读书的时候，我会爬到你的书页上，这样就可以和你一起读书了。

爸爸，你知道那只小虫子是你的孩子吗？

爸爸，我还要走到你的床边，看着你快要睡着时，我便要跳出来，让你给我讲故事。

指导教师：郭娜娜

苹 果 树

石茉涵　石家庄市东风国际学校三年级 4 班

假如我变成一棵苹果树，长在草地上，乐哈哈地摇着身体。姐姐，你会认识我吗？

你要是叫道："芸芸，你在哪里呀？"我就暗暗地在那里偷笑，却一声不响。我要悄悄地结果子，看着你在树下学习。

当你吃过早饭，坐在亭子里画水粉，我便要将我小小的影子投在你的画上，正投在你画的地方。

当你中午拿了木棍来到苹果树下玩耍，我便落到地上，又成了你的妹妹。

指导教师：郭娜娜

......

商 人

张云婵　石家庄市西里小学三年级 3 班

妈妈，让我们想象，你待在家里，我去外面旅行。

再想象，我的行李已经装得满满的，在飞机场等待起飞了。

现在，妈妈，你想一想告诉我，回来时我要带什么给你？

妈妈，你要一道道的彩虹吗？

在雨后的天空，彩虹不知道是谁挂在天上了？我的飞机穿梭在彩虹的航道上。云朵也在彩虹桥上散步，我要把美丽的彩虹团一团，塞进美丽的罐子里，带回来送给你，我的妈妈。

指导教师：张江涛

....

变成苹果树

张云树　石家庄市西里小学三年级 3 班

我要变成一棵苹果树，

为了好玩儿，

就长在妈妈单位门口的公路上。

当妈妈累的时候，

我会让它靠在我的身上休息。

当她饿的时候，

我会掉下来一个苹果，

让妈妈填饱肚子。

变成一棵苹果树，

陪在妈妈身边，

是我最大的心愿。

指导教师：张江涛

大人有多好

齐晨皓　石家庄市东风国际学校三年级 4 班

大人们总是觉得我们小孩子非常幸福，我们其实非常不容易。

我们小孩子总要早睡觉，但大人们却不用，想几点睡觉便几点睡觉，可以 10 点，可以 11 点、12 点，或者不睡觉。

我只要看一秒钟电视或者手机都是奢侈的。但大人不一样，他们可以一直看手机，或者一天都在看手机。

我们每天 6 点、7 点就要起床，但大人有时候可以 8 点、9 点再起床，而且晚上还可以睡那么晚。

大人真好呀！

指导教师：郭娜娜

我与诗仙的奇遇

张嘉宇　石家庄市东马路小学五年级 6 班

最近电视上天天在宣传可以两人组团参加"诗词大会"，最终获得冠军会有丰厚的奖金！我多么、多么想获得冠军呀！这样我就可以随心所欲地购买玩具了，可惜我水平有限，也找不到合适的搭档啊，郁闷！

这天我正望着窗外发呆，心里不住地幻想，假如我是"诗仙"李白该有多好……

突然，只见天边闪过一道白光，一个人出现在我面前。"啊！"我大声尖叫道，"你是谁？""在下李白，正在家中读书，不知何故到此？"我上下打量一下他，只见李白身穿白色长袍，一头白发，眉清目秀，真的一位"谪仙人"。

"哈哈，真是天助我也！"我不由地仰天大笑！李白不解地看着我，问："小兄弟为何如此？"我赶紧收住笑声，开始想办法忽悠李白和我组团去参加诗词大会！"李白大哥有所不知，我在为你高兴呢，我们老师说你一生有三爱——赏月、喝酒和舞剑！最近我们这里有个诗词大会，谁能获得最后的冠军，奖金丰厚，你就可以买很多你喜欢喝的杜康酒了，晚上就在我家院里喝酒、赏月、舞剑，是不是很畅意啊！"只见李白两眼闪光，激动地拉着我的手，"真的吗？那还等什么，快走！"李白催着我赶紧走！

我和李白到达比赛现场，那里真是人山人海，不过我有"诗仙"在手，我怕谁！终于轮到我和李白上场了，只听主持人刚刚说"举杯邀明月"，我就毫不犹豫地按下抢答键，李白高声吟诵到"对影成三人"。"长风破浪会有时"，"直挂云帆济沧海"；"浮云游子意"，"落日故人情"……今天比赛真的是上天眷顾我吗，竟然题目都是李白的诗词，我和李白配合默契，秒杀了在场的所有选手，毫不意外地获得了冠军！

我和李白领取了奖金后，高高兴兴地直奔北国超市，他挑了两坛子"汾酒"，我扫荡了"零食区"和"玩具区"！回到家，我们开始举办属于我们两个人的"庆功宴"，我俩"醒时同交欢，醉后各分散。永结无情游，相期邈云汉"。

指导教师：柏秀丽

风 的 颜 色

李尚泽　石家庄市东风国际学校二年级 5 班

你们觉得"风"是什么颜色的呢?

有人说是透明的,

但是我觉得不对,

当风刮过金黄的稻田时,

就变成了黄色;

刮过浩瀚的大海时,

就变成了蓝色;

刮过红透的苹果时,

就变成了红色;

刮过幽静的竹林时,

就变成了青色;

刮过雨后的彩虹时,

就变成了彩色!

原来风的颜色如此绚丽多彩!

指导教师:石　坤

露 珠

刘沐菡 石家庄市桥西外国语小学五年级 3 班

有一颗露珠，

孤独地躺在牡丹花瓣上，

人们只看见了娇艳的花朵，

却不曾看他一眼。

雨水嫌他占地方，

河水嫌他太渺小，

泪水嫌他没味道。

露珠依然在那里，

静静守候着。

清晨，阳光为他镀上金边，

午后，鸟儿为他唱起了山歌，

黄昏，云霞给他带来温暖，

终于，时间没有辜负他。

小男孩采下牡丹花，

开心地看着点缀花儿的露珠。

可惜，牡丹很快枯萎了，

露珠也消散了。

露珠，露珠，

咱们约定好，

明天的清晨，

你还在这儿，

我也还在这儿，

等着你。

指导教师：马兰英

....

落　叶

张诚沛　石家庄市水源街小学　四年级 4 班

假如我变成一片落叶，便可以在秋一挥衣袖时，从高高的树枝上悄无声息地飘落。秋风从我耳边轻轻拂过，阳光抚摸着我柔软的脸庞。

妈妈，我会飘进你开着的窗，落到你的办公桌上。你一定不会认出我，我只是一片不起眼的落叶，安静地躺在你的身旁。但你该会惊喜吧，会小心翼翼地把我夹到书页间带回家，送给你那淘气顽皮的孩子吧。

指导教师：邢　宁

第四章

跟着叶圣陶学写作

陈桂叶　石家庄市友谊大街小学

名家简介

〜〜〜〜〜〜〜〜

叶圣陶（1894年—1988年），中国作家、教育家、出版家和社会活动家。名绍钧，字秉臣，后改字圣陶。江苏苏州人。

著名诗人臧克家对叶圣陶有过这样一番评价："温、良、恭、俭、让这五个大字是做人的一种美德，我觉得叶老先生身上兼而有之。"于文学肩负伟大使命，于教育存有深刻见解，待人则宽厚至诚，叶圣陶先生用其一生的行事向我们展现了一代师表该有的模样。在教育事业日益受到重视的今天，一代教育宗师叶圣陶的教育思想、师者风范有着许多值得挖掘的地方。

叶圣陶先生，原名叶绍钧，1894年10月28日生于江苏苏州一个平凡普通的家庭，父亲叶钟济是地主家的账房先生，为人忠厚笃实，而这品性也潜移默化为叶绍钧人格的血肉。起初他到旧式私塾接受启蒙，还曾参加过科举，13岁后才转入新式学堂，开始接触民主与革命。中学毕业后，叶圣陶便投身教师行业，曾在吴县县立第五高等小学任教，进行教育改革，编写新教材。

　　1919 年，他加入北京的新潮社，开始新文学创作，发表小说、诗歌和话剧。1921 年与周作人、沈雁冰等人发起成立"文学研究会"，高举"为人生"的现实主义文学旗帜，在疾风暴雨里以笔为枪批判黑暗的社会现状，满蕴悲悯之情，落笔却含蓄冷峻，代表作有《潘先生在难中》《倪焕之》等。他一面致力于揭露和讥讽黑暗现实，同时又是爱与美的真诚歌者，是中国创作童话的第一人，作品有《稻草人》《古代英雄的石像》等。

　　叶圣陶这一路见证清廷的内忧外患、风雨飘摇。12 岁那年他拖着长辫告别私塾，放下八股，一头扎进新知识的世界，开始关心国运，思考救国之路。1912 年，从草桥中学毕业的他心怀"立国之本，首在教育"的愿望，投入教师职业。他首先来到苏州的言子庙小学，怀着一颗"从事教育以改革我同胞之心"，他讲鲁滨孙孤岛漂流的故事以释"独立"，讲武昌起义和辛亥革命以引导学生关心国事。然而，对于富有理想情怀的叶圣陶而言，此次执教经历并不美好，苦闷的叶圣陶最终被迫离开言子庙。四年后，他受邀来到吴县县立第五高等小学教书，这一次他如愿以偿地走进了他的教育理想国，与志同道合的同事，意气风发地开展了一场轰轰烈烈的乡村教育改革实验。在这所学校里，他与朋友开始有计划的自编教材，将白话文和新文学作品引入课堂；他还自掏腰包购买大量中外名著以及《新青年》等进步刊物，创办博览室和书店，培养学生放眼观世界的现代眼光。此外，他反对割裂读书与生活，尽量将学校办成一个雏形的社会，在学校弄戏台演戏，办银行，让学生存钱……他希望学生们能在学校里经历各个方面的锻炼，进入社会也能适应社会各个方面的需求，养成学生处理生活的一般能力，使他们成为健全的公民。

关于教育是什么，叶圣陶曾有过知名的回答："教任何功课，最终目的都在于达到不需要教。"授人以鱼不如授人以渔，这是他毕生的信仰与追求。

叶圣陶怀抱"从事教育以改革我同胞之心"登上教坛，决绝告别旧式学堂，掀起教育改革之风。教育人生，讲台春秋，凝聚一生执着的追求；肩负使命，诲人不倦，尽显一代师者的情怀。贯穿叶老一生的是教育，他不仅身体力行做教师，忙碌于教材的编写，更留下大量文字谆谆教诲教育的本质，用一生践行初登教坛时的愿望——"愿谨守所志，直到永远"！

名家作品赏析

叶圣陶的文笔非常清新细腻，就像盛开的雪莲花，清新脱俗。"今天清早进公园，闻到一阵清香就往荷花池边跑。荷花已经开了不少了……"，一开头就把人吸引了，难道是要描写荷花吗？继续看下去才发现原来是诗的材料。

《燕子》是一篇文笔优美的散文。全篇文章的语言轻快明丽，描写准确生动。

有着扇形的树叶、橙黄色的种皮、白色的内壳、美丽的身姿，它是谁呀？原来它就是叶圣陶热爱的银杏树。《三棵银杏树》通过对家乡的三棵银杏树以及银杏树给"我们带来欢乐"的生动描写，表达了热爱家

乡的情感。三棵银杏树生长的环境和概貌，生长缓慢的特点，然后按照冬、春、秋、冬的季节变化，具体描述了银杏树干、枝、叶、花、果的特点和给"我们"带来的欢乐，最后描写秋天里银杏树的黄叶飘落，冬天里的银杏树同样让"我们"感受到是一幅幽雅古朴的画。

然后，便是《老牛的晚年》。一队探险员被困沙漠，每天只靠救援的三斤水来保持最佳状态。水车正在路上，一头年迈的牛挡住路，要求些水，可车员不能违反规矩，只好耗着，天快黑了，老牛依然纹丝不动，后面堵了很长的队。这时，牛的主人来了，他很气愤，狠狠地抽打母牛，血染红了鞭子，车员不忍心，就端了半盆水给老牛，正好三斤，老牛并没喝用生命换来的水，而是仰天长啸，好似在呼唤什么。不一会儿，一群牛犊跑过来喝水，母牛爱怜地抚摸着它们，在场的人都哭了。母爱是感人的，为了我们，母亲愿意受罪，为了我们好，母亲宁愿献出生命，只要我们懂事、健康、幸福……

叶圣陶《夏天的雨后》回忆童年时的雨后踩泥巴，甚至为博旁人一笑，故意滑跌；拾几只蝉儿放在篾丝笼里，在草丛中捉青蛙；在碧绿的河里钓鱼；久雨初停还可以去野外采菌，美餐一顿。每一件事都充满童趣，令人回味无穷，但对于我们来说却是遥不可及的。我们生活在这个钢筋混凝土铸成的城市里，终日奔波忙碌，以致无暇享受大自然无私馈赠予我们的美。我们可以劳逸结合，有时间远离城市的喧嚣，回归自然暂时感觉一下也好。

《霜的工作》是关于寒霜的一篇短文，用拟人的写法表现了寒霜给世界带来的变化。这个霜还挺乐于助人。看！它帮草和树叶涂成黄色；看！它把窗子画上美丽的花纹；看！它把栗子的硬壳敲开，让孩子和松鼠吃……霜的工作可真好！不仅帮助人们，还可以帮助小动物呢！只是可惜霜只能漂亮那么一会儿，一会儿就没了。

从散文到童话，不得不说的是《稻草人》。

《稻草人》的叙事手法很像王尔德的《快乐王子》，都是以拟人的手法描写一个"死物"在看到人间的苦难时所产生的内心感受。生活中，稻草人是用稻草做的，它被插在稻田的中央，用来驱赶叼稻谷的麻雀等。叶圣陶笔下的稻草人不能走，不能说，不能动，和现实生活中似乎也没有什么很大的区别。不同的是他有思想，心肠很好，一心想帮助受伤害

的人们。《稻草人》中每一篇文章都会牢牢抓住读者的心，里面的人物，到了哪里，遇到了什么，遭遇了怎样的经历，让人也深有同感。不禁要带着敬意赞颂叶圣陶完美而细腻的描写，这些浅浅的文字，充满魅力。

就连小说《我的小弟弟》中，小弟弟"奇怪的愿望"，"小小失意哇哇哭"，"大大的满足"，"自己作歌"这四个方面，不由得让人想起了自己小时候发生的一些有趣的故事。

《地动》就是这样，不管是神态还是动作，都非常的形象，好像跃于眼前，故事是那么地动听，不光故事当中的孩子听得入神，就连读者也被深深地吸引了，读完以后，让人想起了小时候听大人讲故事的情景，那时候的月亮很亮，坐在院子里面的小板凳上，听着大人讲各种各样的故事……

读完《小蚬回家去了》，会让你深思，什么东西都有母亲，那么我们每每吃的鱼和肉，他们的妈妈会不会也着急地等他们回家呢？院子里的流浪猫和流浪狗，他们的妈妈又在哪里呢？会不会在找他们呢？让读者有了灵魂的思考：什么是善与爱？

写作攻略

跟着叶圣陶学写作，我们可以这样做。

一、**让爱围绕**。叶圣陶给孩子上过课，为孩子写过书，也替孩子编过书。他始终抱着一颗真挚的童心，叶圣陶希望孩子们能够自由自在地生活，能够照着他们自己的兴趣去读书去娱乐，他非常爱孩子，而他的每一篇文章都是饱含了浓浓的爱。所以我们写作时，有爱才会写出好文。

二、**坚持抄写**。俗话说"好记性不如烂笔头，眼看千遍不如手做一遍"。我们可以准备一个笔记本，随身携带，阅读时每当发现新鲜的语段，就分门别类地摘抄到笔记本里，积累多了才能更新我们的语言库。

三、**学会选材**。我们要关注叶圣陶笔下平凡的人和物，在读的时候，要想一想自己的生活中是不是也有类似的人、相似的事，然后选一选，把他们写进自己的文章中去。

四、**运用恰当的写作方法**。我们可以按照顺序，按照不同角度来写自然景物或事物，我们可以加入修辞和对比来描写人和事。然后认真地去写作，说自己想说的话，写自己想表达的事，自己有什么就写什么。

优秀作品展示

～～～～～

金　鱼

董宸豪　石家庄市联盟路小学三年级 1 班

一身金光闪闪的鳞，一块能游动的鳍，一个好看的小脑袋，凑成了那样活泼可爱的小金鱼。

春日里，阳光洒到水面上，一道光折射出无数的亮点，很美丽。这时，小金鱼就会跳出水面，之后又跳回水里，水面上就会溅起水花，美极了！

金鱼有一条尾巴，和一对鳍，这都是为了游泳做的准备。金鱼总是游，游着吃，游着喝，游着喂儿女。

金鱼的必杀技就是：跳！当敌人捉住它时，它就左右摆动，敌人一松手，它就会一下子跳起来，之后又直直地落到水里，逃之夭夭。

这就是金鱼，动起来可爱，静下来也可爱，就像被一个果冻包裹住一样光滑可人。

指导教师：梁　怡

完全是夏天

周雪晴　石家庄市雷锋小学四年级1班

太阳一如既往地放射光芒，可是好景不长，太阳在夏天的光芒太剧烈了，白云没一会儿就累了，"唰"地一下拉下窗帘，就呼呼地睡了。

啪嗒，啪嗒……什么声音？原来是调皮的小雨点儿又逃跑了。行人丝毫不欢迎它们，急忙撑起雨伞。可我并没有赶走它们，只是把它们捧在手心里，顿时凉飕飕的。

燕子从云间飞出来，不断在枝叶间盘旋，仿佛在说："下大雨了，快把我写下来吧！"随后就排出一个引人注目的队列，又分散开来，飞走了。

咦？这是哪个不知名的小虫看上我这儿了？我也不是不欢迎它，只是一看见它的模样，有些令人作呕。如果我有一根魔法棒，我就会把它变成花蝴蝶。

草儿越长越高，现在已经高得耷拉下来，有很多地方经过无数人的践踏，已经平了。不过，有泥土妈妈的帮助，小草即便被踩平，也是心满意足的。我心想：躺上去一定很舒服。

一阵微风吹过，吹散了我心中的浮躁。同时，竹子又开始拨动琴弦了，那悦耳的声音，带着一种炫耀。

夏天带来的也许不只是炎热，也带来了乐趣，装在你的心中，你收到了吗？

指导教师：鲍炜煜

清脆的甜瓜

薛听竹　河北师范大学附属小学三年级 6 班

甜瓜，甜得比较清香。它不像有的水果甜得特别腻，让你吃几口就被腻住了，再也不想吃了。

甜瓜很会打扮自己，它的皮是淡黄色的，不均匀。外衣颜色有的地方很浅，是米黄色的；有的地方很深，是深绿色。甜瓜会给自己的衣服上花纹，花纹是绿色的，不，它不是一片绿色，而是没有规则的线条，它绿色的条纹里有深绿的小点点，虽然只是那一点点，但让人看了是那样自然，那样舒服。它的把儿的边际显得那样白，对了，把儿的头非常扎人，白嫩的肉咬一口，清脆得很！一口下去，一股清凉的甜在嘴里散开了。

它的中心有非常多的籽，籽是肉色的，水滴形的。中间有白色的，拉着丝！当然，还有它自己做的果汁。

它空的地方空得非常彻底，实的地方实得特别实在。果肉与果皮相接的地方，边际有一点绿，是比黄瓜心还淡的绿！

咬一口，它能让你忘记所有的苦，心里只有甜！

指导教师：白硕哲

爬 西 山

史沐程　石家庄东风西路小学二年级 5 班

听爸爸妈妈说，我很小的时候就爬过西山，今天我又要去爬西山啦！

冬日的暖阳照在身上真温暖啊，正好适合爬山。我们在山脚边望了一下连接着天空的山顶，爸爸一声令下："爬！"我们便出发了。

我们走啊走，忽然，我们看见一些人竟然挑战从荆棘里爬。我和爸爸妈妈也想试一试，于是，我们便勇敢地爬了进去。这条路可真难爬，里面有好多带刺的小树，好多容易滑倒的石头。我们很艰难地往前爬着。就在我快要失去信心时，我们发现了一个小姐姐，她勇敢地往前一点一点地爬，是她给我带来了新的力量，我鼓起勇气继续爬。

终于爬到了一个平台，我低头一看，呜呜，我牺牲了一条裤子，不过没关系，我们收获的快乐更重要。

我们继续上路，经历了之前的荆棘小路，下面的路简直就是小菜一碟儿，我们轻而易举就爬到了山顶，站在山顶眺望，真是"一览众山小"。

下山的时候，我们发明了一个"倒着下山"法，中间还看了一本名叫《慷慨大方的麋鹿》的书。转眼间，我们就回到了山脚。这真是一次开心又惊险的爬山之旅。

指导教师：石　坤

可爱的小鸡

何名哲　浙江宁波市鄞州蓝青小学 403 班

外婆家是我的"小天堂"，一到周末我就飞奔而去，因为那里有很多我喜爱的"东西"，比如几个月前孵出的小鸡。

小鸡毛茸茸的，像一个小绒球，眼睛像两颗黑葡萄，镶嵌在小小的脑袋上，尖尖的嘴巴时不时地发出"叽叽"的叫声，身子是圆滚滚的，走起路来摇摇摆摆，可爱极了！

渐渐地，小鸡长大了，它可以在院子里奔跑，可是有时候跑得太快会一不小心摔个大跟头，一时半会儿还爬不起来呢！如果这时候我看到了，就会走过去轻轻地扶起它，它会仰起头"叽叽"地冲我叫几声，好像在说"谢谢你"，然后又开心地跑了起来。

它跑累了，就会到处找食物吃，一会儿跑到旁边的花坛里找虫子吃，一会儿又跑到水缸旁找水喝。如果这时我看到了，就会跑到厨房抓一把米撒到地上，它就会两眼放光兴奋地跑过来，看着它吃得津津有味，我也感到特别开心。

它有时候也会生气，生气的时候可有趣了，它的毛就像被大风吹过一样，全部膨胀了起来，眼睛瞪得大大的，飞快地向我冲过来，边冲边飞，看那架势好像要把我吃了似的。这时我也像它那样冲过去，它就被吓住了，马上转身仓皇而逃。

小鸡的"叽叽"声还在我耳边回荡，我想外婆家美好的一切都会成为我童年最珍贵的回忆！

指导教师：刘发建

芦 荟

李一诺　邯郸武安市兰村学校四年级 3 班

我家里种了各种各样的植物。有高大的银杏树，有绚丽多彩的月季花，有果实累累的葡萄树……在这些植物中我最喜欢的是芦荟。

第一次注意到它就被它奇特的外表吸引了，我连忙叫妈妈："妈妈，这盆植物怎么没有叶子啊？只有光秃秃的杆。"妈妈见我这么好奇，就蹲下来给我介绍："它叫芦荟，这光秃秃的杆就是它的叶子。""什么？这就是它的叶子？它的叶子跟其他植物的叶子差别好大啊！"它的样子像八爪鱼一样，把枝叶铺开，精神抖擞。那翠绿的叶子越往根部越宽，轻轻地一捏枝条，发现它特别厚，软软的。如果你细看，会发现枝叶的两边有细细的小刺，摸上去很扎人。小刺挺着身体，保护着枝条。

妈妈说芦荟的作用可多了，可以当食物，可以消炎，可以美容。很多化妆品都离不开它，因为它有保湿作用。如果你被蚊子叮咬了，摘下它的一片叶子，擦在包上一会儿就不痒了。

芦荟的生命力极强。有一次我们全家人出去玩，很多天没有回来，等我们回来时别的花儿都枯萎了，只有芦荟依旧那么翠绿。

我爱我的芦荟，爱它的顽强，爱它的无私奉献……

指导教师：史和霞

完全是夏天

孙妙涵　石家庄市东马路小学四年级 2 班

太阳光射进我的眼睛，耳目之所接完全是夏天。太阳光热烘烘地射在身上，我好像变成了一个大苹果，我的背上好像背了一个大太阳。

太阳射在树上一闪一闪的，像一颗颗宝石。轻风拂过仿佛在那里探路。树上极安静，偶尔有几只小燕子张开翅膀，自由地飞行着，这时的树叶才会轻轻地浮动。

一个老爷爷走过，举起双手，他戴着草帽和墨镜，好像在感受太阳的温度，又像是在感受轻风的凉爽。他的这一身装扮，完全是夏天的标配。

我深深地吸了口气，不自主地说："完全是夏天了！"

指导教师：赵雪雪

梅 花

刘奕凡　邯郸武安市兰村学校六年级 3 班

　　你猜，我喜欢什么植物？不是带刺的玫瑰，不是优雅的茉莉，也不是清纯的百合，我偏偏喜欢那长在岩石缝里、墙角的梅花，它不畏严寒，开百花之先，独天下而春。

　　小小的花瓣，淡淡的粉白，幽幽的清香缠绕在它身边。含苞欲放的梅花似乎蕴含着一种力量，马上要冲出来了。当它开放时，就像小孩子灿烂的笑脸，它的花蕊是黄色的，衬出梅花的美丽。一阵微风轻轻地吹来，带着梅花的清香，扑进我的鼻子，冲进我的心里，淡淡的清香，怎么也闻不够。

　　梅花和兰花、竹子、菊花一同被称为"花中四君子"；它与松树、竹子称为"岁寒三友"。

　　我不光欣赏它的美丽，还欣赏它的精神力量。梅花坚贞不屈、高洁、坚强、谦虚的品格，给了很多人励志奋发的激励。生活中避免不了风雨，我们要从梅花的精神中吸取力量，以它的坚强意志去对待道路上的困难。寒冬中它不畏艰难，越是风欺雪压，花开得越精神、越秀气。"已是悬崖百丈冰，犹有花枝俏"，自古以来，赞颂、学习梅花的人有很多，就像《梅花魂》里"我"的爷爷一样。

　　梅花的品质让我明白，只要一个人有傲骨，对自己的做法坚持不懈，他就可以成为梅花。从今往后，我也要做一个拥有梅花品质的人！

指导教师：张亚丽

书院的样子

魏楚峰　石家庄市北新街小学四年级5班

　　走进院子，左面是一排排小树，那里有刚被春姑娘叫醒的迎春花和被迎春花叫醒的小花小草们，你看，它们还在风里舞动身姿呢！

　　转身就是书院了。进入书院，迎面是一排排连着天花板的书架，书架上摆满了琳琅满目的各类书籍，简直是书的海洋。书架旁边是读书的地方，再往里走你会看见一个个教室和老师们的办公室。最右边就是绘本区了，在这里你可以看书，既有文学类书籍，也有孩子们看的绘本。小孩子们可以在绘本区坐着看，趴着看，躺着看，可以随心所欲地看。

　　我最喜欢看的书是《小屁孩日记》，太搞笑了。在这里，我还认识了很多名家，其中有汪曾祺、泰戈尔、安徒生、金波……他们是我学习的导师，使我变得更优秀。从他们身上，我学到了如何用远镜头、近镜头、特写镜头描写人物；如何用拟人句、比喻句、夸张句等修辞方法来描写事物，这些都是在书院学的。

　　我喜欢书院，我更爱上了阅读。

指导教师：张　欢

甜甜的油桃

薛昕竹　河北师范大学附属小学三年级 6 班

今天我得到了一个油桃，我看了看它，发现它油亮油亮的，被屋顶上的灯光一照显得更加亮了。

它的个头小，比较圆，当然不是标准的圆。我发现它中间有一条缝，好像油桃要告诉人们：如果想切油桃的话，就从这里切吧。它的头就像有人顺着缝把果肉往上推，推成了一个小尖尖，这尖像多少只手摆弄过，格外地软。

它的皮就是它的大衣。油桃很机灵，很会打扮自己，它给自己穿上了一件颜色很不均匀的红色外套。有的地方酒红里透着洁白，有的地方红里透粉，星星点点，就像西边的霞光，太阳还没落下，星星已经升起。

闻一闻，虽名叫油桃，它的香却并没有一丝腻。它很清香，气味像甜味使者，把清香这封书信送给了大脑。

它，捧在手里，就像古代的大臣给皇帝送上红宝珠，闪闪发亮。

指导教师：白硕哲

长 寿 花 海

黄熙然　石家庄市联盟路小学五年级

走进客厅，视线便被窗前那一团艳红吸引了，那是爷爷精心调养出来的一盆长寿花。

那花多么红啊！红得妖艳，红得张狂，那花只有黄豆大小，却开的无所畏惧。十几朵花凑成一团，十几朵花又开满一盆，那小花多可爱，小小的一朵，四个花瓣，第一次见到这花，是在路旁的树丛中，再茂密的绿叶也盖不住那小花的红，让人一眼就能发现。

爷爷说过，这种小花的力量可大着呢，单看一朵就不会有任何想法，可是看一团，看一盆，就能发现它的美啦，若这时再看一眼长寿花，就会发现原来这花这样美，这样坚强。

偶尔见到一个小小花苞，鼓鼓的，好似一捏就会喷出淡红的汁水来。周围的空气好像都被染红了，都沾上了一些香气，变得更加梦幻了。

想到这里，我不仅用手指轻轻抚摸它的花茎。长寿花的茎很光滑，手感很好，一阵风吹来，叶片上下舞动，好像在说："真舒服呀！"

植物也是有灵性的，它们的喜怒哀乐体现在哪儿？我碰了一下那小小的红色的花瓣，它是万花中的一朵，也正是由每一个每一朵组成了美丽的花团。

在这浅红的光辉中，我停下了脚步。

指导教师：柴　迎

冬 夜

王彩益　石家庄市滨湖小学五年级 3 班

出门后，走到四处宁静的一个庄园。

吵闹的声音消散了。炒菜的气味扑鼻而来，围绕在我身边。

云在融化，天空先由湖蓝到深紫，月亮像金黄的大盘子，散发出金光，星星陪着它度过寒冷的静寂的夜晚。空气似冰库里刚取出的冰块。树在天边调出一条波浪线，宛如在缓缓飘动。周围飘来淡淡的青草味，在我鼻中跳来跳去。

灰白色的墙被奶白色的刺眼的灯光包住，叶子被灯光照得透明，被风吹得来回颤动，一切恬静而安宁。

我们遇到了一位老爷爷，老爷爷跟着我说话，后面连说"对，对，对"，十分有趣。

高低楼有规则排列着，像涟漪似的。出版社的线条灯像眼睛印在上面。

石头静静地躺在地上，被风吹得寒冷，于是他们互相挤在一起，似在拥抱取暖来抵挡这寒风。

哦，冬夜是那样寒冷与幽深，却又如此恬静与迷人。

指导教师：张琢婧

惊奇的捉秋

杜佳乐　石家庄市北新街小学三年级 1 班

我们来寻找秋天的足迹了。

远远望去山楂像一个小小的、圆溜溜的红球挂在枝头，火红火红的在这个秋日吐向万里晴空。走近一些，一个个小果子多么诱人呀！摘一个，一口吃下去，真是酸中带甜啊！吃完后，忍不住打了个寒战，又忍不住闻了闻。嗯！酸酸的味道，还是那么诱人！

走进公园深处，踩在秋天枯黄的叶子上，嘎吱嘎吱。银杏树的叶子像扇子，有些叶子已经披上了一层黄色，有的叶子是棕红色的。整棵树像一位站得笔直的军人。

再转过头，是夕阳！它被树夹在中间，躲躲闪闪，一会儿明，一会儿暗，真调皮！我们继续走，只看到几朵花，它们似乎也要凋零了。这让我想到了《赠刘景文》中的诗句："一年好景君须记，最是橙黄橘绿时。"

我们走到了湖泊边，湖水荡漾出了波纹，波纹像湖的皱纹，倒映出了"第二个世界"。你看，那边的桥一倒映，变成了一双眼睛，整个湖面有了一种朦胧感。

这个秋日，我们走走停停，时而惊喜，时而赞叹，真是一个怡人的秋日。

指导教师：张艳丽

难得的春天

张诗尧　石家庄市机场路小学四年级 8 班

爬山虎的叶子，很美，一片叶子有五瓣，油光发亮。一直顺着墙壁爬，直到把整个墙吞噬！

墙上有一个蜂窝，上有小洞，用泥建造的，里面却一个蜜蜂也没有，我说："你们就不能不搬家吗？"

山楂树最美，有着嫩绿的叶子，开着红色的小花，加上那日落的阳光，真是美到让人陶醉。

桃花的叶子很不规则，长得很自由，不过最美的是一棵树有两种颜色，好像孙悟空的分身术啊！

春天好难得啊！可是四季中只有一个春天。

指导教师：李玉梅

大自然的奇妙

李烁阳　邯郸武安市兰村学校四年级 2 班

大自然有很多奇妙的地方。

比如下雨的时候雨滴飘到了蝴蝶的翅膀上，雨水连忙礼貌的道歉，蝴蝶说没关系。树叶之间只要有一张蜘蛛网，一下雨就显得格外漂亮，那小雨滴不均匀地撒落在蜘蛛网上，就像一张珍珠做的蜘蛛网，树叶生怕雨点大了把那张珍珠做的蜘蛛网给弄破了，那得多可惜啊！还有那房檐上滴下来的水珠像宝石似的，可是一会儿那一滴，一会儿这一滴，像跟我们玩捉迷藏似的，好不容易把它找出来了，却很快又从我们手上滴了下去。

还有下雨过后树干变得很香，花朵变得很饱满，空气变得格外清新，地上有趣的镜子变得更多了。你们知道地上有趣的镜子是什么吗？哈哈，就是小水洼啦！小水洼像哈哈镜似的把人们变得奇形怪状，踩上去那小圆晕一圈一圈地散开去，让人们感到真好玩。奇妙的地方还有湖上，小燕子在湖上自由飞翔，就这样一幅简单又美丽的画被小燕子画成了。

大自然多么奇妙啊！

指导教师：贺凯丽

最美的花

吴佳兴　河北师范大学附属小学二年级 6 班

今天，我回到了快乐老家，几天没回来，院子里的花都开了。

这让我十分高兴，迫不及待地去看看。

我们院子里有很多月季花，其中有黄月季、红月季，还有粉红色的月季。最小的是粉红色的月季，它的身形很小，在三棵月季树中排行老三，它的花朵很小，树干很细，一刮风好像要倒了。不时有花瓣飘落下来，落在铺着草皮的地上，特别好看。

最美的就是黄月季了，它的花朵很大，像张开的笑脸，迎着太阳笑呵呵的。但是它的花苞很小，好像很害羞的样子。

粉红色的月季在黄月季和红月季的中间，在绿叶的衬托下显得很特别。

这三棵不同颜色的月季排成一排，给我们的院子增添了一道美丽的风景。

指导教师：白硕哲

深秋的一天

张钰坤　石家庄市滨湖小学四年级 2 班

看！这绿色，多么迷人的风景啊！

墙上的爬山虎是那么的美，像一条条绿色的窜天龙一样，盘旋上升，还有那一朵朵美丽的月季花，努力地在酷热的夏天里昂首怒放！

瞧，有一棵小嫩芽冒出来了，它和其他的植物在微风中一起舞蹈，还有一棵壮大的石榴，多美！而且上面还点缀着橘红色的小花，多像在一片绿色夜空中的小星星啊！

但是现在，那里一片狼藉，什么也没有了。之前长满了爬山虎的墙被推倒了，现在什么也没有了，没了光彩！

不过，虽然那墙倒了，但这也证明了大自然的坚强！虽然好多植物被盖住了，但是它们还依然挺立着。

大自然不是很坚强的吗？

指导教师：林颖卓

找 春 天

高忱睿　河北师范大学附属小学二年级 6 班

今天，我和妈妈一起去石门公园找春天。

我看到了燕子，它们从南方飞回来了。

我发现原本冻住的湖也变成了水。真可惜，我还想在冻住的湖面上玩一天呢。不过，现在我可以打水漂了。

我发现迎春花已经开了，它们就像春天的眼睛一样，看看这个环境是不是可以让它们的姐妹们生活。

当然，春天少不了小草，我觉得半月之间，它们长高了不少呢。我还发现早开的野花，一朵两朵的，就像春天的发卡。

最后一个发现是柳树，刚刚发芽的柳树就像是纯洁的少女，我都不知道用什么词来形容她的美了。

好了，这次我就发现了这么几处春天，不过相信下次我能找到更多春天的美景。

指导教师：白硕哲

捉　鱼

吕睿哲　石家庄市滨湖小学四年级2班

前几个月，我和姥姥还有表哥去易县捉鱼。

易县是保定的一个县，是一个旅游城市，里面有很多景点，我们要去一条又缓又浅的小河。前天买了渔网、鱼钩、钓竿，还有桶。

我们上午出发，在路上，有很多车也去那条河，所以有点堵车，耳边全是汽车的轰鸣声。

表哥问我："啥时候才能到？"表哥是个比我大四个月很黑的人，说话一股易县味儿。

"我不知道！"

终于到了，我们兴奋得不得了，我和我表哥挽起裤腿儿，换上拖鞋，走进了小河中。

我们发现一条鱼，我眼疾手快地一网下去，居然没捞到，但没事，后面还有表哥，只见他一网下去，也没捞着，为什么呢？

我们分析了一下原因，我发现可能用钓竿更好，于是我们换上钓竿又去钓鱼了。

这次我们采用了"守株待兔"的方法，坐在石桥上，甩出钓竿，坐等鱼儿上钩。果然，过了一会儿，有一条大鱼，我急忙把竿收回来，只见一条又肥又大的鱼在鱼钩上甩尾巴，打鱼钩，弄的水珠四溅，不过还是抓到了。

快回去吧，我炖的鸡腿儿快糊了，姥姥大喊。我们上车回去吃饭了，鱼还在桶里扑通扑通乱跳呢。

指导教师：林颖卓

我 和 骨 头

蔡皓宇　石家庄市东风国际学校三年级7班

放学以后，我一进小区就赶紧走到一辆黑色的车旁边，低头朝车底下望了望，因为我知道骨头——一只黑白色的猫，每天都会在这儿等我回家。

奇怪，它不在车底下。我急忙四处寻找，发现不远处的一棵大树下有两只猫，我猜一定是骨头和它的妈妈！我连忙走了过去，它们似乎也看见了我，接着，骨头迫不及待地扑到我的怀里，猫妈妈用信任的眼神看着我，似乎在说："我的孩子就交给你了！"随后，便头也不回地走了。

天色渐渐暗了下来，月亮发着柔和的光悬在一望无际的天空上，星星环绕着月亮，有时明，有时暗。在灯光映衬下，天空是由紫色、粉红色描绘出来的，是梦幻的，让人着迷的，就连小鸟的叫声，都让人回味无穷。

我沉浸在这片美丽的夜景中，骨头抓了抓我的裤腿，告诉我：饿了。我拿出几根香肠和一个面包，它开始狼吞虎咽地吃起来，不一会儿，就吃得一干二净，连渣都不剩。

天已经晚了，是时候回家了，我恋恋不舍地告别了骨头，骨头也蹭了蹭我的裤腿儿，不舍得望着我离去了。

期待明天相见。

指导教师：高　飞

感 恩 老 师

胡伊洋　邯郸武安市兰村学校四年级1班

大树要感恩养育他们的大地，所以他们用树叶在空中谱写出美妙的乐章；鲜花要感恩滋润他们的雨滴，所以他们都绽放出自己最靓的光彩。我也有许许多多要感恩的人，但在今天，我最需要感恩的是我的老师们。

三年级的我来到了这所新的学校，带着对知识的渴望在老师们的细心教导下，我们渐渐地蜕变成能展翅高飞的少年，是他们毫无保留地将属于他们的知识传授给我们，让我们成为更加有用的人！

当我们初进学校，面对着即将开始的住宿生活，我们心里都有些恐惧，是老师用他阳光般的微笑，将我内心的灰暗驱赶开。

我们遇到难题时，是老师细致耐心地给我们讲解，帮我们理清思路解开疑惑，从而能够举一反三的学习知识。

所以，感恩老师，我会用自己的行动，从日常中的点点滴滴来证明我心中对老师们的感谢，要用我的成绩和成功来告诉老师，我爱您！

指导教师：卢红书

滹沱河戏水

王晨琪　石家庄市西苑小学五年级 4 班

在我不到十岁时，跟着姑姑、姑父和妹妹一起去滹沱河的一个漫路玩水。

我们一起走向水漫路，边走边聊天。还能不时地闻见被风吹来的淡淡的水味儿。

我们穿过一个小食摊，便到了。我和妹妹相互对视了一下就直接手拉着手向水跑去。我在前面领着，妹妹在后面跟着。当然姑姑、姑父也得跟着。

水不深也就到我的脚脖儿，到妹妹的小腿。"快来，悦悦这里有波浪。"我冲着妹妹喊了一声。

她一听直接飞奔了过来，跑到我身旁时，溅了我一身水，衣服都湿了，不过还好都是泳衣、泳帽。

妹妹问："姐姐，波浪在哪儿呢？"我笑着指了指她的脚下，她往下一低头，脚下只有波痕，她弯下腰伸手去摸水流，立刻变了形状，形成了一个菱形。我也伸手去摸，它就像一个顽皮的孩子变成了一条鱼。

我又捧起一摊水从高处向地下洒，就像一个小小的瀑布，又像一滴一滴的眼泪。

这里到处都是水的波痕，好看极了。

我要回家了，带着很多不舍，告别了这一片清水。

指导教师：范思月

爬 黄 山

王梓凝　石家庄市东简良小学四年级 2 班

我十岁时，跟着爸爸和妈妈一起去爬黄山。大家都说"五岳归来不看山，黄山归来不看岳"，我竟有机会来黄山游玩。

爬黄山的前一晚，我们就开始做准备啦！爸爸拿了一个登山包，里面放了水和一些登山用的东西。我躺上床，心里想："黄山是什么样子呢？山上除了有树还会有什么呢？"

早上，我们坐上车，迎着朝霞出发啦！一路上我们全家的脸上都洋溢着笑，一路上说个不停。旁边的云似乎也有说不完的话，一会儿变成一座座山，一会儿变成一棵棵大树，似乎在对我描述黄山的景象。

下了车，我们步行穿过一片茂盛的树林，就到了黄山的山脚下。我仰望黄山。呀！好陡峭，我可能爬不上去！这时妈妈对我说："咱们试一试！说不定能爬上去呢！"我点了点头，冲妈妈笑了笑，向黄山奋力爬去。

爬到半山腰，我看到一棵棵青松像士兵一样站得很直。

"妈妈！"我叫起来。正在后面走的妈妈三步并作两步飞奔上来。我高兴地对妈妈说："你看，有一只斑鸠！"妈妈摸着我的头笑着说："这斑鸠不怕人！"我又仔细看了看，发现斑鸠脖子上有许多小黑点，不耐细看。小小的插曲后，我们继续爬山。

当我们爬上山顶时，云迎接了我们，我伸出胳膊挥舞，云也在舞动，可以说是人间仙境。白云在身边围绕，我一下尝到了幸福的甜头，我大口大口地呼吸山里新鲜的空气，品尝山里甘甜的小果子，幸福极了！

指导教师：邓红敏

我学会了"坚持"

刘恺泽　邯郸武安市兰村学校五年级 1 班

在烈日炎炎的夏日，我一边跑在快被溶化的水泥路上，一边仰望着天空，一边大喊："我学会了！我学会了！"看到这里，大家肯定会想我学会了什么？我还是从头说起吧！

那是一个夏天的中午，我收到了心心念念的礼物——自行车。我把自行车伸展，支在地上，把外膜慢慢撕掉，像是给了它新的生命，我迫不及待地骑上，刚坐上去，就不能平衡，双脚马上着了地。我又重新尝试，慢慢地蹬，只听见"砰"的一声，自行车摔倒在地上，我也被跌了下来，看着磨红的双手，看着划破的小腿，看着摔倒在地上的自行车，泪水在眼里不停地打转，最后还是掉了下来。我爬起来，把自行车慢慢地扶起来，又试了几次，最后都以失败结束，怎么都不能骑。我心里的希望一点一点在消失，就在这时，我的一个朋友——双手，告诉我要努力坚持，要不怕摔倒。我的另一个朋友——智慧，告诉我，要动脑筋，寻找技巧。我马上去找爸爸请教，爸爸说你要先学会滑车，掌握好平衡，然后再慢慢地用脚试着蹬。然后我就按照爸爸说的去学车，一次，两次，三次……我也不记得当时摔倒了几次。就连喝水都顾不上，心里只想着我一定要学会骑自行车。转眼夕阳西下，我终于学会了。我骑着自行车转了一圈又一圈，心里就像中奖了一样。于是就出现了开头的一幕。我学会了骑自行车，学会了"坚持"，是坚持让我学会骑自行车。想要做成一件事，我们首先要学会坚持。

坚持是一把钥匙，打开成功的大门。

坚持是一盏灯，照亮前方的黑暗。

坚持是一把剑，斩断一切困难。

指导教师：裴 璇

....

在 夏 天

师子萱 石家庄市实验小学三年级 3 班

太阳在夏天是最热烈的，照射着人们，每个人的脸上都红彤彤的，就像一个个大苹果。

太阳照射在树叶上，树叶的影子在地上闪现出来，像精心描过一样雅致。一阵阵风拂过，树尖上的树叶便晃动起来，地上的影子也随之晃动。

太阳照在了云朵上，云朵变得有些发黄发亮，有些火烧云的味道，它们堆在一起，四周散发出雾气，就像天上的仙境，美丽又梦幻。

那边荷塘里的荷花显得格外粉嫩，那圆润的花瓣透出清香。我忍不住上前摸了摸，那手感又光滑又柔软，像娇柔的少女的脸。

我好热呀！妈妈给我买了一个凉爽的冰激凌。我轻轻地咬了一口，清甜的味道便在嘴里散开。呀！我把夏天吞进嘴里了。

指导教师：段笑春

父 与 子

胡锦嘉　邯郸武安市兰村学校四年级 4 班

我看了一本《父与子》，是德国幽默大师埃·奥·卜劳恩创作的连环漫画，他从 1903 年到 1937 年创作了近 200 幅作品，卜劳恩的艺术生涯虽然短暂，但成就卓越，人们称他为世界漫画史上的一颗璀璨明珠。

内容讲的是一位善良、正直、宽容的父亲和淘气、幽默、搞笑的儿子。我最喜欢的一组漫画是：儿子的学校刚刚放暑假，父亲想给儿子一个很大的惊喜，就在儿子熟睡的过程中，把儿子和他的床搬到汽车的后备厢，而且还提醒周围的人别出声，不要打扰了儿子睡觉，从这一个细节可以看出父亲对儿子的关心和爱。

父亲开动了车，走啊走啊，终于来到了一个鸟语花香的地方，他把儿子的床放在草地上等儿子醒来。当太阳升起来的时候，儿子醒来了，他发现自己在草地上，在他的周围是小兔、小鸡、牛、羊等小动物，这些小动物还不时地望着他，儿子一脸的疑问，但最终还是明白了一切，儿子的心里是多么地感激父亲啊！

我读了《父与子》深受感动，那位父亲一次次教育儿子，让儿子一次次学习做人的道理，同时也告诉我们父爱的重要性，也让我体会到父亲的严格教育也正是对我深深的爱。

指导教师：沈国亮

我眼中的乡村景致

孙明泽　石家庄市草场街小学四年级 1 班

每到假期，我便和妈妈一起回老家——山东。

那里，一片片翠绿的麦田一望无尽，你站在麦田中间，便会感到天高地阔。蚂蚱会爬上你的裤脚，春风会让你精神抖擞，花香和草香会让你心旷神怡……此时，你根本不会被高楼大厦挡住视线，也不会被雾霾蒙住双眼，更不会被错综的马路拦住脚步！乡村哪里会有呢！

远离了"楼房庄"，又可以尽情呼吸乡村空气了。站在房顶上极目远眺，一片翠绿的旁边有一片淡绿，而淡绿的旁边又有一片墨绿，粉绿、深绿、黄绿……各种绿都交织在一起，虽然颜色多，却一点儿也不显得乱，反而像是晕染的一般，直绿到了土地里，简直就是一片绿的海。那星星点点的黄色和紫色野花，伴着清风，在绿海上欢快地跳跃着……

乡村的集市是必须要去的，那里和麦田、玉米地简直是天壤之别。集市上的人们吆喝着、说笑着，让人心头涌起一阵亲热感。卖主不计较，买主也不讨价。集市虽然喧闹，却没有城市那种让人心烦的喧哗，是一种莫名其妙的亲切。

这便是我眼中的乡村景致。

指导教师：赵文静

读《鲁滨孙漂流记》有感

王之锁　邯郸武安市兰村学校四年级 4 班

进入暑假，学习的脚步不能停止，在我的精心挑选下我读了《鲁滨孙漂流记》。

书中讲述了一个叫鲁滨孙的青年，他厌倦了自己平淡无奇的生活，终于有一天他下定决心要周游世界。1659 年，他登上了一艘开往非洲的轮船，但是却遇上了可怕的风暴，漂流到一个荒岛上，在这个荒岛上，他凭借自己的智慧，自制面包、葡萄干等食物，让自己过上了丰衣足食的生活，还驯养了好多山羊，还勇敢地救了一个野人，取名为"星期五"。最后他凭借自己的理想和信念，奇迹般的回到了英国。

读了这本书，令我感受最深的是一个非常普通的人，能在荒无人烟、环境如此恶劣的情况下，仅用几支枪和一些数得清的大米、小麦，生存了二十八年，可想而知，这连常人都不敢想象的事情，鲁滨孙却办到了。

他曾经在发高烧而无药医治的情况下，利用简单的树叶、水和少量的食物做成了一种吃的东西。他一连几天四肢无力，但他坚持自己的信念，终于战胜病魔。看似很难办到的一些事情，他都勇敢地办到了。

这本书激发了我学习的斗志，我仿佛在与鲁滨孙一起捉山羊，与野人大战……这给我带来一种真实和现场感，让我感到做人就应该有勇敢不服输和自食其力的精神。

我一定要向鲁滨孙学习，把这种精神用到学习上，做一个品学兼优的学生。

指导教师：沈国亮

....

瓜　子

郭育维　石家庄市东风西路小学四年级 16 班

我有个爱好，就是吃瓜子。你看，瓜子又小又多，皮儿上和仁儿上有阵阵香味儿，一吃就停不下来。可是，瓜子仁容易碎，每回吃完，我都要抠牙。抠完再吃，吃完再抠，没完没了，恶性循环。

为了终止塞牙的恶果，我现在很少吃瓜子了。有时实在控制不住，我也只能强迫自己克服。家里瓜子没了，我也不敢去买。唉，你们说我能怎么办呢？

但是，瓜子也有用处，它可以降低你的疲劳感。比如：当你工作累了的时候，吃把瓜子，放松一下，就立刻恢复了体力。它还能给生活增添一些趣味性，在你的心情不好的时候，抓一把瓜子来嗑，心情立马在线。

对了，瓜子还有很多吃法，用嘴嗑的速度快，有味道，但嗑多了牙齿会有磨损；用手剥的速度有点慢，剥成一小堆，一口吃下，却无比满足。瓜子的口味也很丰富，多味的，原味的，你喜欢哪种？

瓜子虽好，可不要贪多啊！

指导教师：许超超

我 的 乐 园

孙明泽　石家庄市草场街小学四年级 1 班

　　"玉米地里说丰年，捉取蚂蚱一片！"我的乐园便是老家的玉米地。玉米地是我的"园"，捉蚂蚱就是我的"乐"。

　　我的"园"是一片长满了比我还要高的玉米地，像是一大块绿色的绸布铺在了地上，而这片地不光有玉米，还有酸甜可口的小"紫葡萄"，很多长叶子的草，蚂蚱就喜欢这种草。

　　我不光喜欢我的"园"，还喜欢捉我"园"里的朋友，更喜欢吃我"园"里的朋友。在绿叶上捉蚂蚱并不容易。首先，你需要把一只手握成一个半圆形轻放在草叶下，另一只手也握成半圆形，然后快速地一扣，蚂蚱就被扣在手心里了。每捉一只，我便得意地把蚂蚱用草茎穿起来，很快便会捉一大串。

　　高高兴兴地把蚂蚱拿回家，用姥姥烧水尚未熄灭的余火烤一烤。我巴巴地看着、等着，蚂蚱由绿色渐渐地变成焦黄，蚂蚱的香味，混着泥土和炉灰的味道，把我的馋虫统统勾了出来。肥的，我就只吃它的肚子，里面金黄的子儿香极了；嫩的，我整个吃掉，有一丝甜；健壮的，我便吃它的后腿，放到嘴里使劲儿嚼，嘎巴嘎巴的特别爽。

　　我的乐园，快乐无限。

指导教师：赵文静

学会节约

刘梓萌　邯郸武安市兰村学校四年级 3 班

小时候，我很怕黑。每当夜幕降临时，我总把家里所有的灯都打开，照得整个屋子亮亮堂堂。这时，妈妈总是叹气地对我说："孩子，要懂得节约！"我疑惑地问："什么是节约？"妈妈随手关掉一盏灯，告诉我："这就是节约！"从此，我明白了要节约用水、用电。

生活中，人们提倡"光盘"行动。上学后，同学们在食堂吃饭，有的同学很挑食，吃了几口，就把白花花的米饭和香喷喷的菜倒掉，多么让人心疼呀！这难道不是在浪费粮食吗？也许你认为浪费这一点点算不了什么，可是，如果大家都浪费这一点点，就是一个惊人的损失了！难道要等到我们饥饿、贫困的时候才想起米饭香甜可口吗？我不禁想起了李绅的《悯农》："锄禾日当午，汗滴禾下土。谁知盘中餐，粒粒皆辛苦。"

是啊，在千百年前，人们就已经有了节约的意识。作为小学生，我们也要继承祖先的这种光荣传统。在日常生活中，我们可以用淘米水浇花，用洗衣服水拖地、冲厕所，看完电视后随手拔掉插销等，吃饭时吃多少盛多少，不剩一粒米。

勤俭节约是我们的传家宝，无论何时都不能丢掉。让我们从身边的小事做起，养成节约的好习惯，将中华民族的传统发扬光大。

指导教师：史和霞

游美丽的东山公园

张煜柯　邯郸武安市兰村学校六年级3班

在一个阳光明媚的周末，妈妈带我去了东山公园。那是一个美丽的地方。

进入大门，迎入眼帘的是十大元帅，神态各异，英勇威武。接着往前走，映出的是那莲花池。莲花池的水清澈见底。绿油油的荷叶上站立着亭亭玉立的荷花仙子，婀娜多姿，千姿百态，水里还有游来游去的小鱼儿，给莲花池增添了几分乐趣。莲花池后面有一座假山，爬上去看到的风景非常美！

再往前走，就来到了小亭子，小亭子是供游客休息的，周围是草坪，草碧绿碧绿的，给大地铺上了一层绿色的按钮，风一吹，小草随风跳舞，我情不自禁地跳了起来。休息完以后，我们来到了动物园，这里的动物数不胜数，有调皮的猴子，有凶猛的老虎，还有五彩的孔雀……真让人眼花缭乱。离开动物园，我们准备往回走时，闻到了一阵清香。啊！我们来到了牡丹园，这里的牡丹有大红的，有黄的，有粉的。它们娇艳艳的，像美美的小姑娘。风一吹，招来了许多蜜蜂和蝴蝶。

夕阳西下，我恋恋不舍地回家了，期盼下次再来！

指导教师：张亚丽

被植入芯片的我

刘恩石　石家庄市八一小学四年级1班

这是我们年级的第五次考试，果不其然，我考了二十八分。

丁零零——终于下课了，结果，我意外地被老师叫到了办公室，老师对我说："要是再考不及格，我就把你开除了。"说完，我就被老师请了出来。

回到家，我随手拿张报纸看，我一看是什么陆翔风医生能把人变聪明、机智。知道后，我马上向车站跑去。

到了医院，我看那么多人排队，原来都在等陆医生植芯片，居然两分钟就排到了我，陆医生的助手对我说："你要植什么芯片呢？"我回答："万能芯片！"于是他就让我进去了。

我趴在专用床上，陆翔风医生先向我头上划了一个不到半个手指的小口子，然后敏捷地从一个盒子里取了一个比沙粒大一点的芯片放在我的后脑勺儿里，最神奇的是它不流血。在往回走的时候，我心里想：居然不疼。谨记陆医生说的话——十天不能洗澡。

第二天，我们又考试了，发卷子的时候，全班都怔住了，我考了一百分。回到家里，妈妈、爸爸都在为我庆祝，我也很高兴。

自从植入了芯片，我从学渣变成了学霸！

指导教师：封新建

一件大事

李锦心　浙江宁波市鄞州蓝青小学 403 班

昨天晚托快结束时，我和忻先生之间发生了一件大事：

我双膝跪地，哇哇大哭，忻先生站在我对面，不屑地望着我。不一会儿，便自顾自写作业去了。我也默默地回到座位上，嘴里还念着"我要报仇！再也不跟你好了……"之类的话。到底怎么回事儿呢？那就听我娓娓道来。

晚托时，我写了一些作业，周先生趁着老师不在的当儿和忻先生玩了起来。起初，他们只是向对方扔橡皮，后来发现在座位上只有被砸的份儿便双双离开座位，在教室内外跑进奔出。再后来感觉不太好玩儿，橡皮太少了，便把教室里无人认领的橡皮集中后拿来扔，只见许多块橡皮在教室里像手榴弹似的"飞来飞去"，终于，其中的一块"咚"的击中了我。

我彻底被激怒了，抓起地上的"手榴弹"就往他们的地方冲去。可惜我是个女生，他们全都针对我。我刚挡出去一块又扔来一块，周先生还用锐利的铁环来砸我，我看势头不妙拿起椅子来挡。可他们聪明地把椅子拿住往我肚子上顶。但我不是傻子也有战术：我先是往后退了几步然后把手一松，椅子便重重地撞到了他们的小腿上。经过一番激烈的"工具战争"后，忻先生终于用出了他的肉体绝招——无敌钻头。只见他把手往后一背，腰向前弯曲，双腿开始往前直冲，一头撞向了我的肚子，就有了开始的那一幕。

但今天，我们又不约而同地和好，快乐地嬉戏了。

这也正应了一句话：人有悲欢离合，月有阴晴圆缺，此事古难全。儿时的怨恨不放在心里，也许能收获更多的快乐。

指导教师：刘发建

乡下的一天

关兆珊　浙江宁波市鄞州蓝青小学 403 班

在我九岁时，曾在乡下待过一天。这是我在乡下待得最快乐的一天。那天，我和仇子宇、欢欢和傅炜豪在仇子宇外婆家玩了一天。

上午，我看仇子宇和傅炜豪打篮球。他们累得跟牛一样，我则坐在树荫下的大石头上，一边嚼着树叶，一边观看。过了一会儿，我回到院子里，无意中看见了几根竹竿，就打算拿去爬树或去捅地洞。

我挑了一根没有刺的，拿到篮球场上，看他们还在打篮球，我就直接往树下跑去。到了树下，惊喜地发现树上有几个绿油油的柚子，我那爬树的兴趣顿时没有了，脑子里面全都是柚子了。

我先拿竹竿捅了好一会儿，可怎么也捅不下来，这倒是引起了仇子宇和傅炜豪的注意。我们三个轮流捅了几次，都没成功。最后，还是等妈妈过来，抱我上了树才好不容易摘到了一个。仇子宇的外婆把它切开，欢欢吃了一块，另外三块是我的。过了几分钟，傅炜豪又摘了一个，然后仇子宇的外婆也摘了一个。大家都兴致勃勃地品尝起我们的"劳动果实"，只有我们几个孩子觉得太美味了！

很快就到了午饭时间。饭后，仇子宇从门口的稻田里摘了两大把稻子，我们一起玩。傅炜豪不和我们玩，他自己摘了一些来玩。稻子已经成熟了，我们准备取出里面的米粒。我们三人把不好的稻子和枝干都挑了出来，精挑细选。过了一个多小时，我们终于挑完了。拿出秤称了一下，我们两个挑出了三两，傅炜豪挑出了一两。我们打趣说晚上可以吃最新鲜的米饭啦！

然后我们玩了一会儿陀螺，天气已经不再酷热，我们终于可以去海边捉螃蟹了！妈妈说，掀开一块石头就能捉到螃蟹，我的确看到了不少，但是怎么也捉不到，捉了好久才捉到了一只。看着仇子宇爸爸又往桶里放了一只"大"螃蟹，妈妈也捉了两只，我快失去信心了。可就在这时，仇子宇爸爸没抓住的一只大螃蟹向我跑来，我一下子按住它，它的钳子太大了，我不敢抓它，只好叫妈妈来帮忙。妈妈一看，这么大个螃蟹，连连称赞。突然傅炜豪大叫一声，他被螃蟹钳钳住了，蟹钳都断了，可还是不松开他的手。大家玩了好久，从干干净净到一身泥……

晚上回到家，我舒服地睡了个大觉。

指导教师：刘发建

鸭架汤

王迪夫　石家庄市维明路小学四年级6班

别人吃鸭都是为了卷饼，而我不同，是为了喝那一口鸭汤。要我说，吃鸭不喝鸭汤，就缺少了其中的精髓。大火，放入鸭架、粉丝等食材，煮个三四十分钟，就可以出锅了。

刚煮好的鸭汤，别说是闻，你看一眼就会流口水，乳白色的汤，少许的鸭肉，晶莹剔透的粉丝。一口鸭汤下肚，瞬间一股暖流通遍全身，从上到下都是暖暖的。

每当我们喝鸭汤，木兰（我家的猫）就用两只小爪扒着桌子，满脸渴望地盯着我手里装鸭汤的碗，还"喵喵"地抗议着为什么猫不能喝鸭汤，而只能吃猫粮。

通常这时候，老妈都会用眼角的寒光一扫木兰，它就"喵喵"地跑开去找老爸。老爸则故意一边嚼鸭肉，一边把碗伸到木兰面前，木兰想喝，可他就不给，只能眼巴巴地看着老爸，稀里呼噜地把一碗鸭汤全部干掉后，它才失望离去。

指导教师：耿　焕

河　鲜

杨　益　浙江宁波市鄞州蓝青小学 403 班

几个月前，爸爸带我回了奶奶家。奶奶家在农村，那里的风景，那叫一个妙呢！有山、有水、有桥，山清水秀，小溪里流淌着清澈的水，小鸭子在溪里游来游去……真是一幅诗意的画。

这不，等到一个风和日丽的好日子，我和爸爸拿上网兜和水桶，狂奔到溪边去捞鱼。

因为我不怎么会捉鱼，所以我在一边摸螺蛳。过了一会儿，我把鞋脱了，踩进水里。这可真好捞，一捞就捞上好几个螺蛳。此时，爸爸也捞上来好几个小虾。但我这边已经捞到青壳螺蛳了。过了一会儿，爸爸那儿又有了新发现：爸爸在翻到一块石头时，一条小小的鱼窜了出来，爸爸拿起网兜，往鱼上一扑，鱼就被这"天罗地网"给罩住了。爸爸迅速翻过网兜，鱼就被爸爸捉了起来，然后爸爸把它放进了有水的桶里。又一会儿，一条"大鱼"从我们面前飞速游过。爸爸眼疾手快，把网堵在它面前。鱼没反应过来，就和网撞了个"满怀"。当鱼反应过来时，已经晚了，它已被爸爸缴入囊中。

这次的大丰收让我们十分高兴，提着水桶回家了。

回到家里，我将水桶里的鱼和螺蛳倒进水盆里欣赏。它们在水里快活地游来游去，有的还在嬉戏，看着它们，我十分高兴。这时，妹妹跑过来，敲一下盆，把水弄出波纹，把鱼吓一跳，她便哈哈大笑，

淘气地跑走了。看着鱼儿戏耍了一番之后，我们便不理它们，离开了。

第二天，我又去看鱼，看到的景象令我吃惊！小鱼死了，大鱼半死半活，毫无生气地躺在那，螺蛳也一动不动。我十分心疼它们，告诉爸爸说："我们把它们放了，好吗？"爸爸说："没事，这样看着它们挺好的呀！""但我们没有食物给它们吃啊！它们迟早会被饿死的。"爸爸也同意了，我们把鱼送回了小溪里。看着小鱼儿欢快地甩了甩尾巴，快乐地向小河中央游去，我感到十分自豪。

指导教师：刘发建

第五章

跟着安徒生学写作

刘彩霞　河北省邯郸市复兴区时光小学

名家简介

～～～～～～～

汉斯·克里斯汀·安徒生被誉为"世界文学的太阳"，开创了儿童文学创作的先河。他的代表作有《小人鱼》《丑小鸭》《皇帝的新装》等。2020年4月，安徒生童话被教育部基础教育课程教材发展中心列入《中小学生阅读指导目录（2020年版）》。

1805年4月，安徒生出生在丹麦欧登塞城一个鞋匠家里，他的童年生活非常贫苦，好在他的父亲非常喜欢诗歌，在难得的休息时间里，会为他朗读诗歌和故事，陪他散步，给他制作玩具。

安徒生11岁时，他的父亲病逝，母亲改嫁，生活极度贫困。为了追求心中的文艺梦想，14岁时，他独自一人来到了首都哥本哈根，生活窘迫，孤独无助。在丹麦皇家剧院经理约纳斯·科林的帮助下，进入斯拉厄尔瑟文法学校学习，24岁时升入哥本哈根大学学习深造，25岁时创作出了第一部游记《从霍尔门运河至阿迈厄岛东角步行记》，得到了社会的初步认可，30岁时出版第一部童话故事集《讲给孩子们听的故事集》，后来每逢圣诞节，他就出版一本全新的童话集。他坚持不懈，把自己的一生都献给了自己深爱的写作事业，写了 6 部长篇小说，50 多部戏剧，上千首诗歌，最终却因为童话而享誉世界。他创作出的 168 篇童话和故事，被印成了 150 多种语言，这些童话故事就像长着翅膀的天使，飞向了世界的每一个角落，温暖着孩子稚嫩的心灵，陪伴着孩子们茁壮成长。

他出身贫苦，历经磨难。他曾经想做一个舞蹈演员，但是因为动作笨拙僵硬而被嘲笑；他想做戏剧演员，因为长相太丑，只是被安排饰演一些被人奚落的角色；他想要成为一名歌唱演员，却在最关键的阶段遭遇了变声期而不得不放弃……

他在自传中这样写道："迄今为止，我面前所展示的我童话似的一生，是曲折的一生，美丽的一生，令人欣慰的一生，逢凶化吉，遇难呈祥，恶变为善，痛苦之中生出欢乐，这是一首内容极其深刻的诗，是我绝对写不出来的。"他是一位诗人，更是伟大的童话作家，1913 年周作人发表《丹麦诗人安兑尔然传》，第一次向中国读者介绍了安徒生，并这样评价他的童话："以小儿之目观察万物，而以诗人之笔写之，故美妙自然，可称神品，真前无古人，后亦无来者也。"安徒生用诗人的语言、孩子的眼光为我们描绘了一幅幅瑰丽无比的画卷。读安徒生的童话，读着读着就哭了，哭着哭着就笑了。我们为小人鱼的离去而落泪，我们同情小锡兵的残缺和不幸的遭遇……

痛苦和不幸都将烟消云散，勇敢和坚定必将划破黑暗和阴霾，风雨过后，挂在天空的是一抹美丽的彩虹。走近安徒生，阅读他的童话故事，

见证丑小鸭变成美丽的白天鹅，目睹小人鱼升腾至精灵的世界，感受小锡兵融化成心的热烈，咀嚼苦难的同时，内心升腾的是善良勇敢、坚强不屈的力量。金子般的品质、谦卑的态度、不折不挠的勇气，教给我们面对苦难时最好的样子。

名家作品赏析

安徒生童话陪伴着中国孩子的童年生活，他的文笔诙谐而又柔和，灵动轻巧而又饱含浓重的忧伤和哀婉。他的许多技巧精致而不矫饰，主题深刻而不刻板。他的故事文字优美，想象绮丽，贴近儿童的生活，让儿童在阅读的过程中与之共鸣，汲取成长的力量。他的作品特色大概分为三个时期。第一时期，"给孩子们讲的故事"（1835年—1845年），语句优美，想象力奇特。第二时期，"新童话"（1845年—1852年），因为对生命的不同体验，将创作的主题转移到了实际生活中。第三个时期（1852年—1873年），安徒生称之为"新故事"，关注社会现实，揭示人生哲理。

《豌豆上的公主》《这是千真万确的》《皇帝的新装》三篇童话，语言风趣幽默，情节荒诞离奇，读后发人深省，在真实与荒诞的情节中，让人懂得道理，启发智慧。

《笔和墨水壶》和《丑小鸭》两篇童话，清楚地进行自我认识，顺境时保持谦逊的态度，逆境时坚定执着，不骄傲自满，不妄自菲薄，终

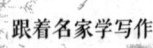

能遇到最美的自己。

《小人鱼》是一个凄美动人的故事。美丽善良的小人鱼，为了拥有像人类一样的双腿，她失去了最甜美的嗓子，为了心爱的王子，她放弃了三百年的寿命，变成了冰冷的泡沫，最终幻化成为"天空的女儿"，为人类驱散疫病，带去花香和健康。小人鱼的善良和坚强像冬日里的一抹温暖的阳光，照耀在我们心底。她牺牲了自己的生命成全王子的幸福，我们相信她死去的只是躯体，不朽的却是高贵的"灵魂"。

《蜗牛和玫瑰树》和《坚定的锡兵》两篇童话告诉我们，人生漫漫，怎样才能生活得更加有意义，每个人都应该树立远大的理想，并且为实现理想而不懈地努力，玫瑰花的坚持不断开花与蜗牛的空想形成鲜明的对比，小锡兵面对身体残缺，坚定勇敢，最终在烈火的淬炼下，涅槃为勇敢的"心"。

《老头子做的事总是对的》，读完让人倍感温暖和幸福。幸福是什么？幸福就是在最平凡的生活中感受到的无限的信任和关爱。"是的，如果一个妻子看到并且认定她的丈夫最懂事，不管做什么事都是对的，他总是会得到最好的报酬。"而《茶壶》这篇故事则让我们感受到：幸福的真谛有时候就是发挥自己最大的用处，给别人带来帮助，为社会创造美好，幸福在于我们内心最真实的感受，与身份、地位和财富无关。就让我们拥抱亲情，给予家人理解和信任，用心体会幸福的真谛！

写作攻略

跟着安徒生学写作，我们可以这样做。

一、**学习童话故事丰富的想象**。每读一篇童话，我们首先要整体感知故事内容，抓住文中最打动自己的地方，感受人物形象，体会作者文字的优美，想象的绮丽。

二、**学习童话故事情节的曲折**。通往童话故事的路，要学会拐弯拐弯再拐弯，要有情节的起伏，这样故事才生动吸引人。

三、**借助剧本改编，练习童话创作**。在学习童话故事的过程中，我们可以对感兴趣的童话故事进行剧本改编，制作简单服饰，演给同学和家人看，有条件的话，也可以在学习完童话之后，和同伴组织一场安徒生童话剧表演。这样的剧本改编更有助于我们感知童话故事曲折的情节和鲜明的人物形象，为我们创编童话打下基础。

优秀作品展示

～～～～～～～

巨人肚子里的城市

宋圣杰　石家庄市滨湖小学五年级 3 班

从前有一个巨人，他的肚子非常大，好像没有什么东西能让他吃饱。这个巨人总是很饿很饿。

一天，巨人来到了一座城市，这个城市很大很大，巨人很想吃，于是把城市里的房子抓起来吞进了肚子。因为是吞进肚子里的，所以所有的房子都完好无损，国王和老百姓都从房子里走了出来。"这是怎么回事儿？这是哪儿？"国王吼道。一个知道事情经过的仆人说："我们好像是被一个巨人吞进肚子里了。"仆人话音刚落，天上又掉下来一群动物和很多树。原来巨人还是很饿，又吃了很多东西，人们都跑回了屋里，不敢再出来了。

第二天，国王饿极了，命令仆人出去找食物。仆人们你瞧我，我瞧你，谁也不敢走出屋子。无奈，国王只好亲自出马，带着仆人走出屋子寻找食物。他们来到门口，发现漆黑一片。"这，哪里才有食物呢？"大家冥思苦想着。这时，一位大臣说："我们只有走出黑洞，才能找到食物，重见光明，唯一的出路就是把巨人打倒，我们一起叠罗汉，爬到最高处。"

国王一声令下，大家一个人踩着另一个人的背开始叠罗汉，叠了99层终于爬到了巨人的脖子。"哈哈，马上就成功了，加油啊……"就在这时巨人打了一个超大的喷嚏，把肚子里的房子全都喷了出去，大家高兴极了，终于得救了。

指导教师：张卓婧

蒂 科

张瑞涵　石家庄市合作路小学四年级8班

森林这时候正是生机勃勃的春天，绿油油的大树，五颜六色的野花儿，加上小伞似的蘑菇，看上去真是美丽极了。

一只鸟妈妈正在它的窝里等着它的小鸟孵出来。一个蛋壳终于裂开了，接着是一个，又是一个，一个接一个，从每个蛋壳里出来一只活生生的小鸟儿，抬起头来"叽叽，叽叽"叫。终于，最后一个蛋壳里也有一只小鸟儿探出头了。

这只小鸟和其他小鸟一样，也"叽叽，叽叽"叫着。不过这只小鸟和别的小鸟不一样，它没有翅膀，其他的兄弟姐妹们都嘲笑他，他觉得自己很丑，和他们不一样，只有鸟妈妈照顾他，鼓励他。

蒂科就这样在嘲笑中度过了一年，终于到了学飞的日子，在鸟妈妈的鼓励下，小鸟们一个接一个地跳下大树，飞翔在碧蓝的天空中。这一来，蒂科就更羡慕他的兄弟姐妹了，他多想在天空中飞翔啊。

妈妈告诉他可以去找许愿鸟，于是蒂科开始寻找许愿鸟，可是他翻过了一座又一座山，就是没有找到，蒂科累得倒下了，可他梦见了许愿鸟，真美呀，它的羽毛像绸缎，眼睛像黑宝石一样。蒂科向它许愿，想要拥有一对美丽的翅膀。第二天，当蒂科醒来时，竟发现自己有了一对美丽的翅膀，一会儿工夫，他就飞回了家，从此蒂科成为飞得最快的鸟儿，谁也不敢再嘲笑他。

指导教师：宋聪佳

宝 儿

陶峻熙　石家庄市西苑小学四年级 7 班

这时候的野外正是夏天，一只大雁正在孵蛋，等待着它的孩子来到这个美丽的世界。

"叽叽"第一只小雁孵化了，"叽叽"第二只小雁也钻出了蛋壳儿，"叽叽"……越来越多的小雁出生了，直到全部蛋都孵化了。

最后一只小雁与其他的都不同，它一生出来身上就光秃秃的，没有一根羽毛，父母叫它宝儿。

这让它受到了哥哥姐姐和其他小雁的冷嘲热讽。宝儿变得越来越胆小，每天在家里不敢出门，怕别人嘲笑它没有羽毛。但这样下去总不是个办法。

秋天到了，天气越来越冷，它们要飞到南方过冬了。它的哥哥姐姐都已经学会了飞行，虽然妈妈也教了它一些飞行的技巧，但没羽毛是飞不起来的。

宝儿为了不被冻死，于是去看医生，它找到一家黑熊开的医院。黑熊非常贪吃，经常吃掉一些比自己弱小的动物，但宝儿对这些一无所知。黑熊见了宝儿，心想，又有一个送上门来的，这个还不用我拔毛儿了。它给宝儿打了一针麻醉剂，放进锅里炖，过了一会儿，它喝了一口汤，晕了过去，原来宝儿的麻醉剂被炖出来了。

幸好宝儿并未被炖熟，它醒来后准备逃跑，忽然看见角落里有一把五颜六色的鸡毛掸子，它就把上面的羽毛一根一根拔下来，再一根一根粘到自己的身上。回到家后，再也没人嘲笑它，因为它是一只彩色的大雁了。

指导教师：张　娜

蒂科的歌喉

杜佳乐　石家庄市北新街小学四年级1班

雪花纷飞，北风呼啸，在这无情的冬天里，母亲去觅食，小鸟们则待在温暖的巢里。

可是有一只叫蒂科的小鸟，它很好奇外面的世界，于是它从巢里出来，晃晃悠悠地走着。它一不小心踩空了，像石头般坠落下去，它的小翅膀折了，它绝望地叫着，幸好旁边有人看见，不然小命不保了。

那人将这只鸟儿放回家里，每天悉心地照料它。到了夏天，它变得很胖，可它不敢出去，因为它失去了翅膀，它只能每天拼命练习它的歌喉。

一天，它被主人放出去了，它站在一两块砖组成的舞台中央，幻想小草是台下无数的观众。它开始演唱了，细细的声音像是在呼唤自己的父母，有几只鸟儿也凑过来一起唱着。

人们都打开窗户，聆听着它们的歌声。过了一会儿，演出结束了，小草们鼓掌，树叶们尖叫，仿佛此刻世界的主场在它们这里。

不论哪个晚上，蒂科一直在歌唱。

指导教师：张艳丽

树上的仙女

赵伊美　石家庄市滨湖小学四年级2班

从前有一个女孩，她有一只可爱的小狗，名叫丽莎。

一天，女孩正在森林里找食物时，突然出现了一个大怪物，女孩吓得爬到了树上。大怪物走后，女孩从树上爬下来，顺便摘了一个大红苹果回去做晚饭。

回去后，丽莎跑过来要吃女孩手中的苹果，女孩便把苹果递给了丽莎，可是丽莎咬了一口苹果后，竟然长出了一对小翅膀。由于丽莎第一次飞行不知道怎样停下来，所以它飞向了远方。

没了丽莎，女孩伤心极了。就因此事，女孩就再也不吃苹果了。一次她正砍柴时，见到了一个老婆婆。老婆婆对她说："如果你能一直把这棵小树养得健健康康地存活六年的话，就可以见到你的小狗丽莎啦。"说完给了她一棵小树苗就消失不见了。

女孩把树苗种到了一个小花盆里，在这六年里，她悉心照料，小心翼翼地保护着小树苗，带着它经历了无数的风雨苦难，就像丽莎一直在身边一样。

终于在这棵树七岁时，它变成了一棵参天大树，这棵树的树干上长满了白色的绒毛儿，摸上去就像丽莎的皮肤一样，光滑温暖，树叶圆圆亮亮的，就像丽莎的大眼睛。这是丽莎吗？丽莎回来了？对，就是它，它就是丽莎。于是，她俩又一起开心地生活了。

指导教师：王　琰

才华四溢的王子

索翊宸　石家庄市草场街四年级5班

从前有一个公主，一直想要找一位真正的王子。因此，她去了很多地方，游历寻找，但是，时间一长，身上的钱花完了，也没有找到。于是，她只好回到了王宫。她一直等啊，等啊！

突然，有一天，一串急促的敲门声和喘息声打破了王宫的宁静，公主急忙去开门，门被轻轻地拉开了，一位伤痕累累的王子站在门口，右手抓着门框，半蹲着，嘴里大口地喘着粗气。公主见状，急忙将王子搀扶到了自己的卧室里，拿出来医药箱，赶紧给危在旦夕的王子包扎伤口……

半年后，原来伤痕累累的王子变成了一位英俊潇洒的少年，于是王子向公主求婚，但是，老王后向王子提出了三个要求：

第一，比射箭。王子与国内有名的射箭高手比赛，两个回合下来，王子以三支箭都射中靶心的成绩赢得了第一，让大家刮目相看。

第二，比画画。王子和画画大师比赛，要求是画一幅令人心动的画，两张画下来，王子以自己美如仙境的画拿了第一。

第三，比赛跑。王子和赛跑冠军比，赛跑冠军是国内个子最高的人，两条腿更是长得不得了，可是跑了一圈后，一眨眼的工夫，王子就跑到了终点。最终王子三连胜。

公主见状，喜不自胜，这不就是我梦寐以求的王子吗？于是王子便成功地迎娶了公主，过上了幸福的生活。

最后，王子三连中的靶子被陈列在了博物馆里，供人观看。

指导教师：薄晓梅

第六章

跟着琦君学写作

刘发建　浙江宁波市鄞州蓝青小学

名家简介

～～～～～～～

琦君（1917 年—2006 年），中国当代作家，原名潘希珍，1917 年
7 月生于浙江温州瓯海。

琦君的一生，经历了许多坎坷与不幸。一岁时，父亲病逝。三岁时，
母亲也离世。她和哥哥成了孤儿。十岁时，哥哥意外病逝。在求学时期，
养父母先后离世。经历战乱，1949 年孤身离乡，漂居台湾。

但琦君的一生又是非常幸运的。在父母双亡之后，她和哥哥幸运地
被自己的伯父伯母收养，养父母待兄妹俩视同己出。

琦君自幼乖巧，聪明伶俐，被养父母视为掌上明珠，母亲宠爱，父
亲赏识。潘家在当地很有声望，父亲虽是军队中将师长，却酷爱读书藏
书。他非常重视对琦君的培养，专门为她请了家庭教师。据说，琦君五
岁认字，六岁描红习字，七岁读《诗经》、唐诗，八岁读《女诫》《孟
子》，九岁读《论语》《左传》和唐宋古文，学做古文，十岁过目能诵，
挥笔成文，十二岁，随父母迁居杭州，入弘道女中。由于古典文学根基
好，加上父亲的书房里有许多古今名著，如《红楼梦》《水浒传》《三

国演义》《西游记》等，她常偷读。寒暑假期间，琦君又阅读大量的新文学作品，还有许多外国小说，她特别偏爱《简·爱》《约翰·克利斯朵夫》《小妇人》等世界文学名著。

琦君青少年时期，经常参加作文比赛，也常得第一，被同学们封为"国文大将"。高一那年，她在《浙江青年》杂志上发表了处女作《我的好朋友——小黄狗》。从此，她立志当一名文学家。随后高中毕业时，她以优秀成绩直接升入之江大学（即现在的浙江大学前身），有幸成为我国"一代词宗"夏承焘的学生。

大学毕业后，琦君曾在上海汇文女中及故乡永嘉县中教书。1949年5月赴台湾。

琦君以撰写散文开始她的创作生涯。作为散文大家，琦君在自己写的大量散文中，尽情抒发对故乡山水和童年生活诗一样的回忆，对父母、师长和挚友深沉的怀念，以及在台湾生活的叙写和异国旅游的观感。但写得最好最多的，是怀乡思亲的散文。正如她在《烟愁》后记中写的："每回我写到我的父母、家人与师友，我都禁不住热泪盈眶。我忘不了他们对我的关爱，我也珍惜自己对他们的这一份情。像树木花草似的，谁能没有根呢？我常常想，我若能忘掉亲人、师友，忘掉童年，忘掉故乡，我若能不再哭，我宁愿搁下笔，此生永不再写，然而，这怎么可能呢？"当然，这是不可能的，因为她的根扎在故乡。

著名文学评论家夏志清先生则认为，"琦君的散文和李后主、李清照的词属于同一传统"，她的一些名篇，如《一对金手镯》《看戏》是应该传世的。

琦君三十多年来笔耕不辍，出版散文、小说、儿童文学、词研究等近三十本，作品被译为英、日、朝鲜文，深受海内外读者欢迎，被誉为"台湾文坛上闪亮的恒星"。

琦君晚年曾多次回到故乡。2001 年 10 月 22 日，琦君文学馆在浙江温州市瓯海瞿溪镇三溪中学成立，此地原为琦君祖家。展馆由会客室、生平室、作品陈列室、名家评论、读者来信、名言摘录等六部分组成，目前已收集琦君作品 38 部。

名家作品赏析

〰〰〰〰〰〰〰〰

　　琦君在散文、小说、翻译和儿童文学等多个领域均有创作，在台湾文坛享有"台湾冰心"的美誉。近些年，琦君的《桂花雨》《水是故乡甜》等文章入选中小学语文教材。

　　琦君一生在故乡生活了 33 年，在台湾生活了 33 年，在美国生活了 24 年。无论她身处台湾，还是漂居海外，她的心始终思念着故乡。愈到年老的时候，她对故乡的思念就愈发浓烈。读《桂花雨》，我们能更为直接地感受到琦君原汁原味、温润细腻的平实文字，更为真切地感受到琦君借"摇桂花"的童年趣事，抒发自己对故乡的思念。《喜宴》和《粽子里的乡愁》，主要是回忆故乡温州乡间的喜宴风俗，以及每年端午节母亲给乞丐布施"富贵粽"的家风。淳朴的家风民俗，随着岁月的沉淀与身心合一，故乡的温存，成了琦君散文创作的主要源头之一。

　　童年和故乡是一体的，不可分割的。《吃大菜》就是回忆小时候陪爸爸外出吃西餐的尴尬与陪妈妈在家吃"小菜"的自由舒畅。《金盒子》

承载儿时与哥哥的欢乐，也承载失去哥哥的悲痛和无尽思念。《外祖父的白胡须》，回忆外祖父布施乞丐，不辨真假，一心向善；风雪之夜，跟随外祖父跋涉看戏，为的就是去给戏班子送去一点温暖和安慰。这些童年的经历，看似傻，看似蠢，外祖父这种心念他人冷暖的善良宽厚，给了琦君童年最温暖的人生底色。

琦君三岁时，自己的生母就因病去世。后来幸运地被伯父伯母收养。在生活中，琦君称呼伯父伯母，但在她所有的文字里，都是以母亲和父亲相称，以至于很多读者都误以为琦君散文中的母亲父亲就是她的生父生母。这样一个生活细节，既看出了琦君对自己生父生母的念念不忘，也看出琦君对养父养母的难忘之情。

琦君的养父母，没有自己的亲生孩子，对琦君兄妹俩倍加疼爱，视同己出。琦君的伯父潘鉴宗，身为中国一代军人儒将；伯母叶梦兰，为东方女性美德的代表。他们两位长辈的德行、品格、情操，一仁一德，一忠一义，深深地熏陶着幼年的琦君。琦君曾在《点滴话前尘》一文中说过："父亲的温而厉，母亲的慈爱，使我知道在学业与品德方面，倍加奋勉。"

凡是读过琦君散文的读者，都不难发现琦君散文有一个很明显的特点——无母不成文。就是无论琦君写什么内容，母亲都会随时出现在她的笔下。《桂花雨》里和母亲一起摇桂花；《喜宴》里宁可放弃和父亲外出吃大菜，也要留在家里陪母亲一起吃小菜；《粽子里的乡愁》母亲为"我"包灰汤粽，母亲为乞丐送富贵粽；《金盒子》里母亲丧子的剧

痛；《外祖父的白胡须》里，更是看到了母亲的善良本色，与外祖父的心慈大爱，一脉相传。

《妈妈罚我下跪》体现出母亲对儿女的怜爱；《妈妈的银行》则透露出母亲对金钱的态度，以及对他人的宽容；《一朵小梅花》则让我们看到了母亲对父亲的敬重和挚爱，还有那种隐忍和宽厚。

作为一个母亲，琦君母亲的宽厚、良善、隐忍、仁爱和无私，帮助我们拓宽了母爱的内涵和边界。尤其是琦君母亲一生经过那么多的坎坷和不幸，依然不失一个母亲的本色。用琦君的话说，就是"眼因泪而清明，心因忧而温存"。

宽厚仁爱的母亲，给予琦君的母爱，是她一生的恩典。正因为母爱的浸润，心灵的纯净，琦君的散文总是充满善良和仁爱的思想。

写作攻略

~~~~~~~~~~

跟着琦君学写作，我们可以这样做。

一、**情感唤醒**。琦君的文章处处事事写到母亲，可以说是"无母不成文"，我们要特别注意琦君的母亲在人格精神上给了琦君哪些深刻影响，我们可以把琦君的文章读给父母听，与父母交流，唤醒自己和父母之间的情感往事，为写作积累素材。

二、**写真实的生活**。琦君的散文，绝大部分都是写故乡与童年。在琦君笔下，故乡一切的山水人物都是美的。我们要特别留心，琦君写这些美好的人事物，都写得非常真实，都是真情实感的自然流露，没有一句赞美讴歌的虚假之词，总能真切打动人心。我们写作时也要从生活的细节入手，写真实的生活故事，必然能写出真情实感。

三、**学习文章结构的安排**。琦君的散文虽然写的都是生活的琐碎之事，但是每篇文章的材料安排却非常精致。我们在品读文章吸纳语言的同时，也要留心文章的结构，体会琦君安排材料的匠心。

优秀作品展示

~~~~~~~~~~

雪 球

王韵涵　石家庄市金柳林小学五年级 5 班

那个寒假，天刚擦黑，晚饭还没吃，我的心就飞到了姥姥家的大院里。因为我又听到哥哥们那粗大的嚷声："快来打雪人呀——"

打雪仗家喻户晓，打雪人却没人知道。这是那帮人们自己造的游戏，它的玩法粗暴简单：石头剪刀布分批淘汰，剩下一人要拿雪球砸人，被砸中的人上去继续砸人，砸不中就绕大院跑十圈。这可是个苦差事，然而最苦的还要算我。

我站在院中央，握着雪球喘粗气，活像个冻在冰里的鱼。我头上戴着挂着雪花的红绵帽，身上穿着一件挂着寒霜的黄色大衣，围巾也不知飞到哪了。手上的红手套滴着水，那是雪球化了。我个子矮，力气小，玩打雪人十分吃亏，有时哥哥们还投过来一个大雪球打在我头上，我可不受委屈就要回屋写那一堆落了灰的作业。

终于有一天，一个硕大的雪球打在我脸上，我终于忍不住了，一屁股坐在雪堆上快快地痛哭不止，那声传出了大院儿……我妈跑出来，嚷走了那帮伙伴，硬拉走了我，雪球又化了！

我不玩了！他们也不来了！

忽一天，他们又来了，他们又嚷起来了，这次他们嚷的声音变了，变温柔了，他们的话也变了，变成："齐齐！快来打雪人了。"

窗户中，两个亮光缓缓亮了，亮光笼罩下的雪球，永远都化不了！

指导教师：李素温

我的心爱之物

李思义　邯郸武安市兰村学校五年级5班

　　我有一快小小的橡皮，所谓的"橡皮"就是将一块很完整、很大的橡皮掰断形成的。尽管它的身上有着用笔扣的小黑点，而且它的颜色变得很黑了，上面的字都半个有半个没有，但是仍然被我珍藏着。你一定会问："这么一块破了的橡皮，为什么你会这么珍惜呢？"这还要从两年前的那次数学考试说起。

　　那天早晨我吃完早饭，一看时间，离上学只有20分钟了，一想到还要参加数学考试，我就匆忙背起书包跑向学校。来到教室，只见同学都做好了考试准备。我赶紧坐到座位上，从书包里一一拿出草稿纸、铅笔、尺子………咦，我的橡皮呢？我在铅笔盒里和书包里寻找着，却始终不见橡皮的踪影。我这才想起来，由于我来得太匆忙，也许是把橡皮落在了家里。啊，橡皮对于考试来说是必不可少的呀！做错了题目还可以擦。我又不停地在书包里寻找，期望会有奇迹出现——也许它就躲在某个角落里，可是结果令人失望。离考试开始只有5分钟了，这可怎么办，此时我急得满头大汗。

　　正在我不知所措的时候，有人在我的肩上拍了一下，我转过身去，发现是坐在我身后的小伊。她问我："你在找什么呀？"我沮丧地说："我忘带橡皮了……"她听完了说："我看看我有没有带多余的。"说着，她便打开了文具盒。可是，里面只有一块橡皮，满怀希望的我又一次陷入了失望。这时，意想不到的一幕出现了。只听"哔"的一声，那个橡皮被小伊一分为二，她把半个橡皮递给我说："虽然是断的，但应该也能凑合用。"我接过橡皮，激动得说不出话来。凭着这块橡皮，我顺利地完成了考试。考试结束后，我想把橡皮还给小伊，可是她说："给你了，就当留个纪念吧！"

朋友，你掰给我的橡皮，我一定会好好珍藏的！

指导教师：李　敏

二八六一

蔡镕聪　浙江宁波市鄞州蓝青小学 403 班

小时候我养过一条可爱有趣的柴犬，我给它取了一个独一无二的名字，叫作二八六一。

它在两三个月大的时候就来到我身边了。那时候的它就只有我的胳膊那么长，浑身深棕相间着纯白。它乌黑又纯洁的小眼睛经常好奇地打量着周遭的环境。休憩的时候，两只三角形的小耳朵愣愣地耷拉着。

二八六一喜欢跟我们一起玩。每次从幼儿园回家，刚走进家门口，我就能听见它窸窸窣窣地跑了过来，热忱地迎接我。它毛茸茸的脸颊蹭着我的脚面，小尾巴则高高地竖起，顶部还能打个圈儿，看起来像一个倒写的"J"。这时我就会蹲下来，温柔地抚摸着二八六一的脑袋，或者一把将它搂了过来，双手环着贴着它，跟它说一说幼儿园发生的好玩的事。它就默默地聆听着，是一位绝佳的听众。

有时，它会有点不拘形骸。我遛它的时候，只要见它后腿往地上一蹲，一坐，就开始明目张胆地在大马路上拉屎了，完全不顾前后来往行人的目光。爷爷只好等它结束后，用废弃报纸将它的大便包起来。我呢，连看都不敢看，只顾牢牢牵着绳子，生怕它跑了。

二八六一还喜欢跟我们一起打篮球。晚上空闲时，我们在院门口打球，每当我把球抛起，高喊着："二八六一，我要投球给你咯！"没有半点犹豫，它收到指令就朝着球的方向冲去，敏捷地躲开前方的障碍，侧过身体将运动中的球挡住，直到球完全停下，它再用嘴拱到我身边。我想，人还是没有狗利索啊。当二八六一拿不到球时，它会上蹿下跳，企图用爪子抢球，或者匍匐着，趁我们没发觉，猛地把球顶过来，我们还没反应过来，它一溜烟跃到边上等待下一个机会了。

有一次，我拿着一把光头强水枪，悄悄地进了里屋灌满了水，回到院子时，出其不意地向正卧在地上、毫无防备的二八六一扫射了过去。它顿时浑身是水，成了一只惨不忍睹的"落汤狗"，它吓得一下子立了起来，向院子的角落慌张地逃去。就在我洋洋得意想乘胜追击的时候，它竟然快速地掉头，向我的方向跳了过来，用力地抖了抖身体和脑袋，像一台插上电抽动的机器似的，结果水花反溅了我一身，我还被它给毫不客气地扑倒了。

我八岁时，二八六一也四岁了。在太阳的照耀下，它浑身都绽放着金色的光芒，英俊帅气。这个时候我已经拉不动它了。每次我牵着绳子，实际是被它拽着走的，其实都是它在遛我。

有一天，我像往常一样，在上学前摸了摸它依旧毛茸茸的脑袋，跟它告别，没曾想到，那是我最后一次看见它。它就这样突然地走丢了，没有一点预兆，我们在附近来回地找了好几天，贴了许多寻狗启事，却始终没有音讯。直到现在，我还是很想念二八六一，不知道它是不是还活着？如果活着的话，它过得好吗？

指导教师：刘发建

姥姥家的菜园子

赵文赫　石家庄市五里庄小学四年级 3 班

姥姥家有一个菜园子。

春天，有绿油油的菠菜、韭菜、油菜，嫩得仿佛可以渗出水来，让人看了就忍不住想去拔一棵。微风吹来，这些蔬菜的叶子就像绿色的波浪，随风舞蹈。

夏天，菜园子里有绿绿的黄瓜，红红的西红柿，紫得发亮的茄子又圆又大，尖尖的辣椒，还有红肚皮的大南瓜，正趴在地上睡觉哩！绿绿的丝瓜爬满了架，还有胆子大的已经爬上墙头跑到邻居家去了！丝瓜蔓上挂着滴滴嘟嘟的大丝瓜、小丝瓜、洋丝瓜、笨丝瓜，煞是好看。这时候我们要回去，姥姥一定是连装带塞，给我们拿满满的一大包！

秋天，红红的胡萝卜、调皮的花生和我们玩起了捉迷藏。我们像寻宝似的把它们一个个从地里挖出来，丰收的喜悦洋溢在每个人的脸上。

冬天，一棵棵绿绿的大白菜伫立在寒风中，像一个个穿着绿棉袄的小姑娘，水灵灵的，倍儿精神。等到寒冬的时候，"白菜心儿长瓷实了！"姥姥一声令下，带着我们把一棵棵胖墩墩、水灵灵的大白菜从地里拔出来，搬到车上，抱回家，做成各种菜肴，大白菜也因营养丰富、味道鲜美，赢得了全家的喜爱！

我喜欢姥姥家的菜园子。

指导教师：王亚丽

喂 羊

张语桐　石家庄市机场路小学五年级7班

今年的六一儿童节，书院组织去了一个叫蒲公英精灵王国的地方。到了那里，我一眼就看见了一个围栏，里面有一只大黑山羊和一只小白山羊。它俩一大一小很明显，那只小白山羊的毛又光滑又顺溜，头上还没有长出角来，看上去像是刚满月的。而那只黑山羊头上有一对很明显的大角。它们在围栏里踱来踱去，看着围栏外的游客。

我们从地上拾起一些还带着树叶的树枝，争着挤到最前面来喂它们。起先是那只大黑山羊在那里争来抢去，而那只小白山羊却孤零零地躲在角落里，看样子它是不敢跟大黑山羊来抢食物的。我试着把树枝靠小白山羊更近一些，嘴中嘀咕着："快来吃呀，我帮你挡着大黑，快来吧！"可一不留神大黑又蹭过来把树枝吃了个精光。唉，看到这样的情景，我立马拾起一根树叶更多的枝条儿，朝着小白山羊伸去，使劲靠它更近一些。这次那只小白山羊看见我朝它伸食物，它就蹭地一下冲过来，看它吃得美滋滋的，我也就安心了。

指导教师：陈菲

灯下蜜蜂

梁皓程　石家庄市西苑小学六年级 5 班

还是那熟悉的小路，熟悉的柳树，熟悉的路灯。我在回家的路上走着，忽然看到路灯旁有一只蜜蜂在飞动，我仔细地端详着，正要跟它打招呼，它却突然摔落在我的脚边，我慢慢地将它托起，准备带它回家。

刚到家，我就急忙跑到我的书桌前，将蜜蜂放在一个金色的盒子里，才蹑手蹑脚地走出卧室。我发现爸爸妈妈都不在家，心想，真是天助我也。我又返回卧室跟我的新朋友打招呼。也许是因为蜜蜂来到新的居室有些新奇，它走来走去，也难免撞到四壁。不过，没过多久，它就安静了，我想也许它已经适应了新环境。

自从蜜蜂来到我家，我的生活增添了不少乐趣。每天上学前我会跟它道别，放学后第一时间跑回家跟我的小蜜蜂聊天，告诉它这一天发生的有趣事情，它总是认真倾听着，好像我说的一切它都能听懂。

有一天，我突然发现金色盒子里的蜜蜂不见了，只留下了歪歪斜斜的蜂蜜粉，我想，也许它找到了更好的去处。

蜜蜂走后，我常常抬头看着窗外蔚蓝的天空，总能在朵朵白云后面看到那只蜜蜂的影子。

指导教师：耿雪薇

面 包

张镶潇　浙江宁波市鄞州蓝青小学403班

面包是我养的一条小狗，它是一条可爱有趣的小狗。

面包很喜欢玩。它有各种新奇玩法，而最喜欢在人们的胯下钻进钻出。每次玩到兴奋时，它总会跑起来，大叫起来，也不知道在说些什么"狗语"。玩到最后，它只剩趴在地上喘气的劲儿了。

它喜欢和任何人玩。我放学回家时，它总是以最快的速度跑过来，缠住我，在我旁边热情地吐着舌头，用它那小小的脚爪来拍我，表示亲人之间的热情。

我把手一伸，说："面包！"它就会扑上来，把脚爪搁在我的肩膀上，使劲舔我的手。我随便捡起一块石头说："捡回来！"当我把石头扔出去的一瞬间，它就会马上冲出去，那样子都能把拳击运动员给撞倒。

有时，面包玩得特别开心，一直要玩下去，甚至一下子扑到我身上，用背使劲擦我的手臂，我就拍拍它的背，假装生气地说："下去，下去，别玩了！"它挨了骂，马上不敢玩了，讪讪地走了开去，轻轻地动动耳朵，就趴下不动了。

不过，我很少批评它，因为批评以后，它就难过至极，久久不肯看我，连叫它几下，它也只是动动耳朵，不乐意地摇摇尾巴，算是回应了吧。

一天，我放学回家，面包一直没有出现，我向门那边看去，只见面包不见了，我问了家里所有人，都说不知道在哪。我禁不住哭了。

第二天进屋时，只见一个土黄色的东西跳了出来，我一看，"面包！"它正在用最大的力气舔我呢！我紧紧抱住了面包。

只见面包身上都是伤，我觉得，这不是被荆棘划破的，而是被路上的家养犬以为它是流浪狗咬出来的。从此以后，我更加仔细地照顾它了。

面包，就是这么一条通人性的小狗。希望我们能够一直这么"相亲相爱"下去。

指导教师：刘发建

忆 北 京

康 恩 石家庄市长安东路小学二年级1班

我忽然想起了妈妈带我去北京的时候。

我们去看了庄严的升旗仪式。我远远地看见解放军叔叔们捧着国旗，迈着整齐的步伐向广场走来，广场上人山人海，大家都在等着看升旗。不一会儿工夫，解放军叔叔们就穿过广场，来到了升旗台，他们把国旗小心翼翼地挂到了升旗杆上，严肃地注视着她，这时国歌响起，解放军叔叔用力把国旗向空中一抛，国旗就随风飘了起来。我看着国旗缓缓升起，不由自主地跟唱起了国歌"起来不愿做奴隶的人们，把我们的血肉筑成我们新的长城……"五星红旗升起来了，她在阳光的照耀下更加鲜艳。

看完升旗，妈妈又带我去了古北水镇，爬了司马台长城。古北水镇风景如画，音乐喷泉秀不仅有水，还有火，音乐配着雷声，水火相融，我惊叹中国的高科技，尤其是到了晚上，灯光连成一片，司马台长城和古北水镇融为一体更加美丽了。

这次出行我既增长了知识，又锻炼了身体，玩得好开心。我多想妈妈常常带我出去看世界呀！

指导教师：韩 熠

乌　龟

王梓旭　浙江宁波市鄞州蓝青小学 403 班

有一年暑假，妈妈送给我一只很可爱的乌龟。它有我手掌这么大，我喜欢极了，每天都不厌其烦地给它喂食换水。我给它取了一个独一无二的名字，叫"福禄"。

乌龟的头呈三角形，一对小眼睛里透出黑黑的亮光。它的鼻子很特别，没有鼻梁，也没有鼻尖，只有两个小孔，它的脖子能伸能缩。它的甲壳呈灰黑色，看上去非常坚硬。

一天早上，我来到它面前，看到那可爱的模样，特别高兴。只见它摇头晃脑，慢慢悠悠地爬到石头上，仿佛是一个登山运动员。这使我忍不住有了"玩"它的冲动，伸手把小乌龟捞了起来，温柔地把它捧在手里，我用手指轻轻戳它的小脑袋，它一会儿把头缩进壳里，一会儿又探出小脑袋，可爱极了。

看"福禄"进食也是一种不错的享受。当我把一颗龟粮放在它面前时，它会目不转睛、全神贯注地盯着它，然后再神不知鬼不觉的，以迅雷掩耳的速度把它一口吞进去。

一个周末的早晨，我去找它玩，让我意料不到的是，"福禄"它不见了。我赶紧叫妈妈和我一起找，终于，我们花了九牛二虎之力，把"福禄"从沙发底下找了出来，我又惊又喜地把它捧在手里洗干净，放回了盒子里。妈妈担心下次"福禄"再次跑出来而被饿死，于是我们商量着把它放生，放它回大自然。

我们来到了池边，轻轻地把"福禄"放进池塘，依依不舍地离它而去。

亲爱的"福禄"，再见了！

我想你会找到你的同伴，也会找到你的家人，一定会过得很好。

指导教师：刘发建

....

姥爷家的扭扭车

李彤旭　石家庄市联盟路小学五年级3班

在老家，我有一辆扭扭车，这车全身上下都是蓝的，但方向盘是黑的，扭扭车顾名思义，是通过一扭一扭来移动的，速度非常慢。我和我的一些朋友都觉得这速度太慢了，便像骑滑板一样，用两只脚蹬在地上来回移动，虽然姥姥不让我这样。

老家有一个大坡，我们老家就在坡上边，这个坡挺大的，我们小时候很喜欢骑扭扭车从坡上骑到坡下，那时只听见风呼呼从耳边吹过，在当时的我心中，这已经是很刺激的了。小时候玩儿一遍根本玩不够，我们就会拉着扭扭车走到坡上再玩儿一遍，再玩一遍还是不够，就会再来一遍，根本是玩儿不够的。

如果朋友们和我一起玩它的时候，会轮流来骑，你玩儿一会儿，我玩儿一会儿，一直玩儿到吃饭了，我们才回家。

虽然扭扭车现在还在我手里，但已经玩儿不出以前的感觉。

指导教师：席红红

一月的哈尔滨

王鹏杰　石家庄市西苑小学六年级 3 班

一月间，我第三次去哈尔滨，距第一次去已有两年，在此之前，我从没说过哈尔滨的一句好话。

这次却令我有了不同的印象。一月的天可以说不错，虽然没有春色，没有夏光，也没有秋意，但是有雪。

正如每次我都是来时匆匆，去也匆匆。几天中，我领略了一个字"白"，只凭这一个字，我已流连忘返。

雪中拜访地下森林不知此事是否好。一来到林口，看着植物四君子中的松，它打动我的不是绿，不是直，而是树上雪的银白。白的发蓝，甚是美丽，看着树林中的热泉，在白茫茫的雪中，加了惟妙惟肖的白的热气，这种白令我流连忘返。

我们在镜泊湖上玩，因为天不算特别冷，所以镜泊湖依旧开放。在船上，我看着水中偶尔有几片浮冰飘了过去，忽然下起了小雪，在湖面悠哉游哉，好自在。

雪是春的使者，雪是清洗大地的工具，雪使大地变得圣洁起来，我爱哈尔滨的一月。

指导教师：穆素萍

"唠叨"的爱

李怡帆　邯郸武安市兰村学校五年级 2 班

　　一连阴沉了半个月的天气，在上个周末终于放晴了。气温的回升，让我高兴得不得了，终于不用再穿那么厚重的衣服了。于是，我随手拿件外套准备出发去坐校车。妈妈看了一眼我的行头，便要求我再加件外套。可是我头也不回地直奔校车而去，调皮地冲车外的妈妈挥手道别。妈妈的嘴里一直在念叨着什么，直到校车拐了弯，我才长长地舒了口气。

　　然而，这好天气仅维持了一天。周二早晨，刚一出宿舍大门，顿时感到寒风刺骨，冷风吹得我瑟瑟发抖。果不其然，下午，我就中招了，我有一点后悔，没有听妈妈的话。晚自习下课，班主任通知我去门岗拿东西。不出意料，是妈妈。刚一见面，她就开始了语重心长地"演讲"。这一次，我虽然也有些不耐烦，但是看着妈妈送来的毛衣，心里却暖得很。在接过衣服的一瞬间，我碰到了妈妈的手，天呐，那么冰凉的手。我呆呆地看着妈妈，心里很不是个滋味。"快回教室去吧，上课要认真听讲，按时吃药！""知道了！"我默默地转过身，快到教室时，我回头看了一眼，妈妈依然站在那里，冲我挥手示意，嘴里似乎还在说着什么。

　　虽然妈妈们总会长篇大论，喋喋不休，但她们的每句话都是在为我们着想。

　　妈妈的话，我们不可不听呀！

指导教师：王　璇

一个"理科家庭"的故事

金柄烨　浙江省宁波市鄞州蓝青小学 403 班

我的爷爷有 3 个兄弟且我爷爷是老大。然后这四兄弟又生了 6 个儿子，然后到了我这一辈又是清一色的男孩子，我一共有 6 个堂兄弟。

这是一个连续四代人都生不出一个女儿的家庭，真是有意思，爸爸开玩笑说，我们家可以去申请吉尼斯纪录了。

我们家的特点可不仅仅体现在两辈都是清一色的男孩子，还是一个理科世家。你别看我的爷爷是一个其貌不扬八十多岁的"小老头"，他可不简单呢！十八岁就去衢州化工学院读大学了，和姚力还是上下铺的同学关系。后来又上过越南战场，是给师长送信的警卫员。再后来就一直在一家国企做一名高级工程师。

我爷爷还有两个弟弟也都是镇海中学的优秀毕业生，其中一个小爷爷，是复旦大学光电学院的教授，为国家培养了无数的尖端人才。到了我爸爸这一辈，又是清一色的理科生。我爸爸是一名机械工程师，他现在自己开公司和德国人做生意。我爸爸有个堂弟，他是毕业于哈工大的博士，是学桥梁设计的。现在上海的一家设计事务所上班，参与设计了很多著名的桥梁。我还有一些堂叔分别是从复旦和交大毕业的，他们现在在上海大众当工程师。

不过，我觉得我们家最牛的人，不是我的长辈们，而是我的堂哥！他是我大伯的儿子，和我同一个爷爷奶奶，他才是我们家族最大的骄傲。

我的堂哥今年才24岁，但他已经是浙江大学光电科技专业的博三学生了，专门研究导弹跟踪系统。听我大伯说，哥哥这个博士在全国范围内每年只挑选10个人，进入国家实验室，他的导师还是国家科学院院士。哥哥一直痴迷于学术研究，我觉得他实在是太了不起了。

妈妈常常跟我说，摆在我面前的山头一座比一座高，所以我要付出更多的努力才有可能翻过这些山头，实现我自己的人生价值。所以我一定要考上MIT，成为一名物理学家，将来可以报效祖国。这是我的人生目标，也是我的家族使命，我会为此奋斗的！

指导教师：刘发建

书 的 魅 力

郭紫涵　邯郸武安市兰村学校五年级 2 班

读书是一种快乐，是一种享受，更是一种极致。读好书，能让我们获得意想不到的收获；读好书，能让我们在成长的道路上不断超越自己。

书本上的文字常常让我身临其境，使我悟出了这样一个道理：只要我们多看书，认真学习就有所收获。一个人的成功并没有什么捷径可走，也没有天上掉馅饼这等好事，所谓"宝剑锋从磨砺出"，只有经过一番磨砺，付出比别人更多的努力，勤学苦练，不断地探索，才能向成功的道路一步步迈进。作为一名学生，书不仅是我们的良师益友，还可以开阔我们的视野，丰富知识，大大提高我们的写作水平。

古今中外，无数名人都是我们的榜样，我们应该向那些爱读书的人学习，珍惜每分每秒，实现远大的理想才不会成为空话。

而我们的校园也是充满书香的！瞧，图书室，电子阅览室，甚至大树下，曹植像边，你随处都可以看到三五成群的同学们捧着书，津津有味地看着、读着，沉浸在书的海洋中，吮吸着知识的甘霖；走进教室的长廊，一幅幅名言映入眼帘"书籍是人类进步的阶梯"！我每一次扑在书上，就像饥饿的人扑在面包上……

我想，这就是书的魅力吧！让我们一起好读书，读好书，与书为友吧！

指导教师：王　璇

幸福的味道

杨琬妤　石家庄市行知小学六年级 3 班

我一直觉得，幸福是一个永远都找不到的东西，直到那年回老家。

老家是我每年都要去的地方。往年，我都是七八月去，一望无际的绿色使我身心愉悦。不过今年晚了点，十一假期去的，呈现在我眼前的大山是另一番景象，一眼望去哪里还有绿色，替换它的是让人感到温暖的红色。从远处看，只看得见一片一片的橘红色，记起家里大人总说这是柿子林却从没见过柿子，这次回来才知道原来柿子长这个样子。

走近柿子林，一个个红灯笼似的柿子挂在树上，一棵柿子树上叶子掉的没剩几片，凸显的柿子更加红了，圆圆的柿子挂在几乎没有叶子的树上并不突兀。

在我正看得入神的时候，姥姥从小屋里走了出来，不声不响地站在了我的身后，吓了我一跳。姥姥望着这一片片的柿子林，感叹道："真红啊！往年来没见过吧，真好看啊！""嗯。""为什么不尝尝呢？"我怔了一下，摘了一个红红的柿子，轻轻咬了一口，皮破汁出，甜甜的，却并不腻，随着甜甜的汁水淌过我的舌头，流入我的喉咙，我的思绪也飞到了小时候。

那时我只是个小孩子，什么也不懂，觉得快乐也很简单。我依稀记得，那时我是吃过柿子的，只是印象不深了，这一口唤起了我儿时的回忆。我飞跑在柿子林里，穿梭在高矮不一的柿子树之间，从高高的山坡上飞跑下去，爬上爬下，无拘无束，这是我现在体会不到的幸福，也是令我向往的。"原来幸福可以这么简单！"我不禁惊叹道。姥姥说："是啊，每次看到红红的柿子林，我的心里都别样地激动。"我知道了，原来幸福也不是找不到，也许是藏在生活的深处需要我们去仔细寻觅，红红的柿子就是我的幸福！

指导教师：任捐献

······································

阴沉的十一月

尹佳怡　石家庄市北新街小学五年级 3 班

这是十一月里最阴沉的一天了，早上在家里向外看，远处的房屋若隐若现，让人感到很难受。

下午，要下雨之前，教室里闷得令人难受。

唰唰唰，下雨了，大家在教室里大喊大叫，而我却悄无声息地走到外面，雨丝直直地落下，如同门帘上那一串串小水珠。

夜晚，在灯的照耀下，地上的水坑闪闪发光，如同一块被人摘下的星群密布的蓝天。我轻轻走近这片"星空"，脚轻轻地触碰了一下，慢慢地，我开始喜欢它了，触的次数越来越多，脚底下的"星空"开始扩散，仿佛"星空"越变越大，星星越来越多。

我发现，如果仔细观察冬天，它的样子也很美。正所谓"处处留心皆美景"呀！

指导教师：段丁铭

这里有我

李瑞涛　邯郸武安市兰村学校五年级3班

爱，是夜晚里的一盏通向前方的指明灯，它照亮了人生前进的路途和希望。生命里的鸿沟，用爱搭起了一座座桥梁，手牵着手，我们一起走过，生命因为奉献才会永恒。

奉献，这一刻，这里有我。

在人生一站又一站的月台上，长亭又更短亭，思绪更兼柳絮，心中怀着爱，一路撒播阳光，在成长的路上，就会一路花开。雷锋叔叔不正是吗？奉献就是生命，生命就是奉献，如果说是要和生命赛跑，是有限的时间，看你走过了多少路程，那么奉献就是无穷无尽的动力，我心中坚信奉献的力量，为我们喝彩。

学雷锋，我们还做美德少年。即使是在风中跌倒，在爱中流泪。那遇到的苦头也是幸福的。

美德，这一刻，这里有我。

死神的威吓吓不住他，王飞越用他生命之花的提前凋零，让三个病人重见天日，不是无情，而是极致的深情，纯粹的爱，让我们泪流满面。但我们更应该知道，王飞越并没有离我们而去，用失望换取希望，用死亡换取重生，不抱怨，不奢求，或许正如他生前录音所言："你好，我不知道你姓什么叫什么，我祝福你，希望你能重见光明，享受春光。"

牺牲，这一刻，这里有我。

　　"我在，这里有我。"我一直很喜欢这句话，普普通通的六个字，却给予我强大的安全感，似乎有这句话在，我就可以不计后果肆无忌惮地在童年里玩耍。

　　江河湖海与我同在，山川日月与我同在，这浪漫又美好的世界啊，在那奋力前行的脚印里"这里有我，并且不只有我"！

指导教师：张瑞华

我的秘密乐园

李子妍　邯郸武安市兰村学校五年级 3 班

每个人的乐园都是一个秘密基地，有的是动物园、植物园、公园……而我的乐园是我学习知识、成长的地方。它不仅仅是一个学校，更是教我做人、培养我思维能力、教我为人处事、学习知识的地方。

春天是五彩缤纷的，是五颜六色的，是花的世界，花的海洋，我的乐园里也不例外，桃花的芳香弥漫整个乐园。下课时同学们争先恐后地来植物园看桃花，桃花粉粉的，弥漫着淡淡的花香，充满了老师和孩子们的欢声笑语，就连小蜜蜂也争着抢着来凑热闹，他们随风起舞，好像一幅美丽的图画。

夏天的时候，炎热的太阳笼罩了整个学校，柳叶打着卷儿，小花低着头，大地冒着热气，湖水热得烫手，蜻蜓低低地飞在湖面上打转，这是它在向鱼儿报信，好像在说："鱼儿，鱼儿，天真的是太热了。"然而在我的乐园里有空调，有电扇，一进教室阵阵冷风迎面而来，坐在宽敞明亮的教室里，和同学们认真地学习，认真地思考，为我们的美好明天而努力拼搏着，努力吧少年！拼搏吧少年！祖国需要我们，加油！

到了秋天，金黄的叶子慢慢地飘落下来，天渐渐地转凉了，一片片枯黄的叶子像一只只美丽的黄蝴蝶，纷纷离开了大树妈妈温暖的怀抱，轻轻地从树上飘落下来，飞落到草地上、小河上、庄稼上，这落叶似乎是报信员，告诉大家"秋天来了，秋天来了"。小草也脱下了绿衣裳，换上了金灿灿的秋装。秋天也是个丰收的季节，农民伯伯丰收粮食，我们也要收获这个学期所学的知识，查漏补缺，让我们有更大的进步。

到了冬天，隆冬的凌晨，地面上铺着一层薄薄的银白色的霜花，四周一股股寒气直往骨头缝里钻。冬姑娘穿着白裙子，带着钢琴，踏着"风雪轮"悄悄地走来了。知道雪为什么是白色的吗？因为它忘记了原来的颜色。冬天，我的乐园铺上一层薄薄的白雪，像巨大轻软的羊毛毯子，覆盖在这美丽的校园里，闪着寒冷的银光。

这里是梦想起飞的地方，是充满智慧的地方，我的秘密乐园——兰村学校。

指导教师：张瑞华

另一种礼物

赵紫茉　邯郸武安市兰村学校五年级 5 班

生命中一些不好的东西，何尝不是上天赐给的另一种礼物。

——题记

我对病痛向来是谈及色变。那种令人崩溃的感觉，在病好了之后，我绝不会想。直到今天我读了《生之喜悦》一文，这种感受完全被颠覆了。

马修因外伤全身瘫痪，却在每个早上满心欢喜，原因居然是被将近一个小时的痛楚感所折磨！这听起来不免有些荒唐。继续读下去，马修这样告诉我："痛楚感让我感到自己还活着。"

原来在他住院的头几年身体失去了知觉，在医生的治疗下，他的一部分神经再生，每天发出痛的信号。这对于马修来说是痛楚感，是存在，是契机，是希望。读到这里我被深深地震撼到了，我避之不及的痛苦，有人却求之若渴。这也不禁使我陷入思考："痛楚感""失败""压力"等，这些我们常常认为不好的东西就真的不好吗？也许换个角度思考，这些"痛能量"反而能对我们起到积极的作用，它们虽然不及"快乐""成功""幸运"这些讨人喜欢，但何尝不是上天给我们的另一种恩赐呢？

读完这篇文章，我犹如受了当头一棒。生命本身就是伟大的！只要我们生活在当下，就应该用微笑去勇敢面对所有的阳光和风雨，因为这些都是生命中的礼物。

指导教师：赵　颖

我 的 妹 妹

秦依漩　邯郸武安市兰村学校五年级 5 班

不同的人有不同的性格，有的可爱，有的凶猛，有的强壮，甚至有的霸道……

一提到我的妹妹，她可真是人见人爱，花见花开，不管谁见了她都想亲一下她那又红又圆润的小脸蛋。不过，只要妈妈在家里，她就很调皮，她在沙发上活蹦乱跳，就像获得自由的小鸟一样。

我的妹妹很善良。有一次，我们一起出去玩，在路上看到一位老奶奶正准备过马路，她就上前扶着老奶奶过马路，老奶奶夸她，她说："尊老爱幼是我国的传统美德。"老奶奶笑着说："你真是个好孩子！"

我的妹妹也很搞笑。有一次我们两人一起玩儿石头剪刀布，她出了个"1"，我不懂什么意思，她就挠我让我笑，她说："就是这个意思。"后来我笑了起来也挠她，我说："也是这个意思。"然后，我们两个人都笑了。

我的妹妹长相很可爱，她有一双水汪汪的大眼睛，眼睛下面有小小的鼻子和一张樱桃般的小嘴。她在家里每天穿着睡衣走来走去，头像鸡窝一样凌乱。但妈妈说要出去了，我的妹妹就兴奋地去洗手间洗脸，梳头发，挑发夹，再去更衣室挑衣服，穿衣服，过了好大一会儿才换好，之后又去穿袜子，穿鞋子。她回到家后，又把衣服换成睡衣，把头发弄得乱七八糟，袜子也脱了，鞋也换了，又变成了凌乱的女孩子。

你们喜欢这样的妹妹吗？我是很喜欢。

指导教师：李　敏

孙悟空遇上大数据

朱梓疃　贵州遵义师范学院附属实验学六年级 1 班

寒假里的一天，我一口气看完了三集《西游记》，不知不觉在沙发上睡着了。

迷迷糊糊中，狂风大作，飞沙走石，眨眼间，天昏地暗，突然一个头戴金冠，手握长棒的黑影出现在我的身前。走近一看，啊！竟然是齐天大圣——孙悟空！我好不欢喜，连忙拿出珍藏的零食，以及新鲜的水果招待他。还特意给他挑选了一个上好的、又大又红的桃子。等他吃饱喝足后，我就准备带孙悟空去见识见识我们现代科技的发达。

为了让他了解现代科学技术和大数据在生活中的运用，我决定带他去学校电脑室参观参观，顺便教他上上网，让他真切体会一下我们的信息时代和大数据时代的神奇魅力。"假如你有什么疑惑，一般都能在网络百科上找到答案。"我一本正经地当起了他的小老师。孙悟空问，网在哪儿？该怎么上去？"电脑里呗，充上电、连上网、登录上去就可以了。"我回答道。我立马输入了一个关键词，孙悟空。屏幕上顿时出现了关于孙悟空的所有消息，大闹天宫，三打白骨精，大战黄风怪，孙悟空张大了嘴，瞪大了眼，惊奇地问："这里面怎么会有我的那么多秘密？居然我在太上老君的炼丹房里撒了一泡尿，你们都知道。"我还教他在网上冲浪，他看到了他从来没见过的新奇事物与玩意儿，看得眼花缭乱。

"咦，我听说前段时间你们人类被一个非常厉害的妖怪——新型冠状病毒给害惨了，最开始连白衣天使也对他束手无策。这是怎么回事？"孙悟空说。"来吧，让我们通过大数据来了解一下这个厉害的妖怪。"我指着电脑屏幕对孙悟空说，"冠状病毒是一个大型病毒家族，可引起感冒以及中东呼吸综合征和严重急性呼吸综合征等严重疾病。新型冠状病毒是以前从未在人体中发现的冠状病毒新毒株。昨天我和妈妈在'新型冠状病毒肺炎确诊患者同行查询工具'中，只要输入出行日期，班次和地区的信息，就可以查到对应行程，确认自己是否与已被披露的确诊肺炎患者同行。幸运的是，我和妈妈去上海的航班上没有肺炎患者。我们还可以通过网上的各种信息平台，第一时间获取疫情动态和防疫知识，你可以知晓和关注疫区人民的状态。现在可与2003年非典时期大大不同了，大数据在这次疫情中发挥了重大的作用。"这一幅数据图，一张张精彩的图片看得孙悟空瞠目结舌，拍手称赞道："哇，人类现代科学技术可真发达。我要把电脑带回天宫，给他们开开眼界，让他们也羡慕羡慕俺老孙！"

话音未落，孙悟空已抱着电脑腾云驾雾去了天宫，在玉皇大帝面前显摆起来，各路神仙也纷纷围了上来，看着这神奇的"塑料盒"，玉皇大帝也不住地点头赞许："人类科学的成就，真是'忽如一夜春风来，千树万树梨花开'呀！"

孙悟空抱着电脑，比当年得到龙王的定海神针还高兴，一个跟头栽回了花果山，大声嚷道："小的们，看俺老孙又给你们带什么宝贝来啦！"

指导教师：陈　颖

木　瓜

赵伊美　石家庄市滨湖小学四年级 2 班

我最喜欢吃木瓜，假若我在街上捡到了没主人的两百元，我肯定会去买一个木瓜，再买一个木瓜，爱吃多少，就买多少。

木瓜的皮，生些的是青绿色，稍熟的是橙色，熟透的是橙红色。你闻，这熟透的木瓜没有削下皮，便已经散发出阵阵清香，让人简直想把整个外皮都闻穿掉。脱去橙红色的外衫，米橙色的果肉展现在眼前。去了皮的果肉光滑无比，而那绝妙的清香，也变得更加让人垂涎欲滴。再把光滑的木瓜果肉切成正方形大小，放进配的上果肉的精致小盘，把这美妙的果肉摆放上去，先是慢慢地放进嘴里，入口即化。那丝滑、独特的口感和那清新、淡雅的香味，让人感到水灵灵的木瓜仿佛就是人间圣果，美妙绝伦。

木瓜干吃确实有不一样的口感和独特的清香。不过，这人间圣果可不是只有这一种吃法：还可以配上酸酸甜甜的酸奶。酸奶的酸甜与木瓜果肉的丝滑，组成了独一无二的绝配；也可以把木瓜切成美丽的圆形，搭配上哈密瓜、葡萄、樱桃等瓜果，摇身变成瓜果拼盘，颜色鲜艳，还可以一次吃很多美味的水果，三春不忘。

在天气不冷不热、闲来无事时，来一杯木瓜酸奶或者瓜果拼盘，看一本笑话或小说，这便是天国。

这就是我认为无与伦比的人间胜果——木瓜，爱它不需要理由！

指导教师：王　琰

爬 山 虎

孙鹤轩　石家庄市北新街小学四年级 1 班

走出书院，蔚蓝的天空上飘着白白的云。

往左看去，一丛茂盛的丝瓜藤映入眼帘，上面还挂着一个枯死的老丝瓜。它裂开的口子，好像在对我哈哈大笑。

再往左看，一棵长着红斑的树出现在我面前。仔细一看，哪有什么红斑呀，那分明是一团团火红的山楂呀！

看向书院，咦，那是什么？我走近一看，原来是爬山虎，不过都枯死了。老师说，那些爬山虎原本好好的，可是为了修建停车位，把爬山虎全拔了，失去了根的爬山虎很快就枯死了。历经这么多年的风吹雨打，所有人都认为它已经不复存在的时候，它却一直死死地扣住墙面，仔细观察就会发现，那一只只龙爪似的脚就像已经在墙上生了根一样，怎么拔也拔不下来。啊！这是什么？低头一看，那是代表新生命的物体——爬山虎的幼苗，那一株株不到七厘米的小家伙，带给人的却是无尽的快乐与顽强的生命力。

啊！爬山虎，我赞美你那顽强的生命力，赞美你那向上的意志力。

指导教师：殷慧媛

海边趣事

雏佳辉　石家庄市北焦小学四年级3班

大雨落幽燕，白浪滔天，秦皇岛外打鱼船。一片汪洋都不见，知向谁边？

这是毛泽东的《浪淘沙·北戴河》，每当我吟诵这首词的时候，就会想起那一片无边无际的大海和银色的海浪，去年夏天我去了秦皇岛，而今天，我还要再去秦皇岛一次。

到了秦皇岛，我迫不及待地想到海边玩，但不幸的是，我们赶上了台风，于是，我们只好来到了小姨家，静静地等台风过去。

不知过了多少天，台风终于过去了，于是小姨带我和表妹刘恩伊一起去海边，同行的还有妈妈和姥姥，我们一起来到了古长城。

但我很好奇，为什么会来这里？我便问小姨："为什么要来这里呢，说好的看海呢？"小姨说："登上去你就明白了！"于是我们爬上了古长城，当我顺着阶梯爬下去的时候，我惊讶得大叫起来："快看，快看，

一望无际的大海！"

　　这是我第一次见到海：大海清澈、碧蓝，水中的石头、小鱼、细沙都清晰可见！大浪时不时地打来一次，把沙子、石头、海草、贝壳都冲上了岸来。

　　我迫不及待地跑到沙滩上，用手和小桶垒了一个又一个的沙堡，再把它们一个一个地推倒，表妹也学着我的样子，垒了好多小土包，然后用小脚丫踩平，还咯咯咯地笑了起来！

　　这时，不远处的妈妈和小姨在海边垒了一个很大的金字塔，我和表妹则不停地垒一圈柱子当栅栏，妈妈又垒了一个大蛋糕，我和表妹各垒了一个塔，结果太高了，于是它们双双倒在了地上，逗得我们哈哈大笑。我又去海边挖了一个又大又深的洞，挖出许多的碎石和沙子，当然还有贝壳和海水！

　　时间过得飞快，一会儿就到黄昏了，夕阳把最后一抹红光披在这海上，金色的沙和蓝色的水也换了新装，这时，我和表妹恋恋不舍地离开了这片迷人的沙滩！

指导教师：王桂霞

三　张　图　片

郭梓涵　石家庄市万信小学六年级 2 班

期中试卷发下后，我的心抖作了一团，因为没考好，我有点不敢回家，但又不得不回家。于是，心里一阵风一阵雨地慢慢往回走。我仿佛看到爸爸正满含希望，笑盈盈地在门口等着我，真不忍心让爸爸失望。

走进家门，正迎上满脸笑容的爸爸。"回来啦！快放下书包歇歇，我做了你最爱吃的红烧排骨。"我低着头应了一声："哦。"爸爸看着我的样子，脸一下就沉下来了，问："怎么了，是不是没考好？"

"你能不能不要骂我？"我的眼睛立马湿了。

"你把卷子给我看看。"我把卷子拿给爸爸。

他紧锁眉头说："我不骂你，咱们来分析一下试卷，看看错在哪了，该注意一些什么。"真是不敢相信，父亲竟然没有骂我，我有些吃惊。

第二天放学后，爸爸没在家。妈妈给我看了爸爸发的三张图片。图片上面有三个和我差不多大的孩子，他们都在写作业，但他们并不是在屋子里写，而是在室外写。在他们身后有一辆非常破旧的三轮车和一个用石棉瓦搭的棚子，棚里和三轮车上有许多菜。棚子的一角有三张破旧的桌子和三个高矮不一的椅子。看得出他们家经济条件很差，每个人的桌子上只有一个小铁盒，里面只有一支笔和一块橡皮，加上他们各自手中的笔，每个人只有两支笔和一块橡皮，但就是在这样恶劣的环境里，他们的学习是那么专注。再看着我笔袋里鼓鼓囊囊、琳琅满目的笔，我感觉自己好惭愧啊！

这三张图片下还有一句话：你看看他们，再想想自己。这句话是父亲发给我的，虽然只有短短的十个字和三张图片，却深深地刻在我的心中。我似乎体会到了什么是父爱如山……

指导教师：池英姿

我的"严厉父亲"

墨竹桦 石家庄市合作路小学四年级5班

每次我放学回来心都是悬着的，这是为什么呢？因为只要我出现两道错题，父亲就要给我重新出题。

一个风和日丽的下午，我开开心心地回到家把作业拿给爸爸看。爸爸顿时大怒，吼道："你为什么哪道题都没写'答'！如果这是考试，一分都不给。"随后，我便哇哇大哭，爸爸看我哭了，非但没有同情我，还打着我的屁股说："打住！"我听见爸爸这么一说，立刻不敢哭了。

过了二三十分钟，爸爸突然走过来说："屁股还疼吗？"当我听见这句话时，感觉自己被爱包围了。爸爸把我搂进怀里，轻轻抚摸着我，我似乎感受到他的心疼。原来严厉的父亲背后藏着的是对我的爱！

果然，等我写完作业，爸爸便带我和妈妈出去玩。我在前面小跑，爸爸妈妈在后面闲聊，刚才的暴风骤雨已经变成风和日丽了，就像这一天的天气一样。现在想起那画面，简直太美好了。

指导教师：毕 玎

第七章

跟着冯骥才学写作

白硕哲　河北师范大学附属小学

名家简介

〜〜〜〜〜〜〜

冯骥才，地道的天津人，率真豪爽、幽默诙谐，1米9的身高，往街头一站，几乎无人不识。

天津建城至今已有600多年。水陆码头，五方杂处，各地的奇人异士，在此驻足，留下传奇故事，成为码头、作坊、街市、里巷，讲述家长里短的内容，成为说唱艺术取之不尽，用之不竭的创作源泉。

冯骥才耳濡目染，迷恋着他们，把他们写入自己的小说中。这些奇人异士，行为举止或随意，或各色，或豪爽率真，或巧言善辩，个个栩栩如生、个性鲜明。津腔津调的小说语言，读时让人忍俊不禁，不由得想拿起阴阳板，外加一把扇子，来一场"奇人笑谈"。他说："我用这种独特的语言写东西很上瘾，瘾一上来，止不住时就会写。用这种语言写作时，常常会禁不住笑出声来。"他还说："把故事写绝了是古人的第一能耐。故而我始终盯住故事。"他的故事线条清晰、情节精彩，哪怕出奇、出格，也是情理之中，没有违和感。

他的阅读庞杂又缤纷，"既崇尚经典，也迷旁门左道"，他讥笑自己："此生只能去做一个肚子塞着各种'杂学'的作家，一个随性的文人，一个尽可能充分的自己。"他的"杂学"，使他的文章充满世间烟火味，也让我们领略了人间"杂"行"杂"业的奇人异事。

他爱思考，九岁发高烧时，突然想："我从哪里来？死后到哪里？"这个人生最大的哲学命题，令他百思不解。思考成为他终生的习惯：他思考历史、民族、文化；思考自己的思想史，心灵史；思考每个表象下的意蕴。他每时每刻都在思考，把思考后的发现付诸笔端，流淌出人人眼中有、人人笔下无的散文、小说、非虚构文学，与读者共享。

冯骥才，传神人物形象的塑造，得益于他的艺术修养。他十六岁学习书画，练就了捕捉瞬间动感画面的能力，寥寥数言就能勾勒出形神兼备的人物形象，画面感极强，读罢让人回味悠长，有很高的艺术价值。他还特别注重方块字，"每篇文章都要修改七次，文字上既讲究，又浅白，没有多余的字，一个字不舒服都得改过来"。

名家作品赏析

《俗世奇人》这部作品，每个人物独立成篇，篇幅短，人物奇，情节妙，寓意深，小学生爱读；津腔津调，诙谐俏皮、凝练上口，小学生好读；世间奇人，有个性，有匠心，有精彩，小学生适读；津腔津调，写津人，是冯骥才尝试的一种新的语言模式，应读。

《苏七块》《好嘴杨巴》《泥人张》《燕子李三》《张大力》，这几篇文章中的人物都是某个行当的翘首，他们都在天津码头有自己的一席之地。就像冯骥才所说："码头上的人，全是硬碰硬。手艺人靠的是手，手上必得有绝活儿。有绝活儿的，吃荤，亮堂，站在大街上；没绝活儿的，吃素，发蔫，靠边待着。"这是天津码头特有的文化，正是这种文化，涵养出这些靠手艺吃饭，有匠心、有绝活儿、有自我、活出尊严的俗世奇人。

作者把他们的绝活儿，通过细节化的情节，紧扣心弦的悬念，巧妙铺陈安排，盆景般精致小巧，却波澜起伏，气象万千。每个人都带着鲜明的个性，似乎能从文字中活灵灵地蹦出来。

奇人必有奇事，《认牙》《酒婆》《一阵风》《狗不理》《鼓一张》这五篇文章有个共同特点：结尾都是情理之中，预料之外，这是小小说重要的叙事方法。为了达到这个效果，作者发挥出超强的情节构思技巧。

《认牙》这件事开场就是俩悬念——"费猜"，接着俩情节："此人的长相，在大街上扫一眼，保管也会记一年"的人他不认，"等他咧嘴一笑，露出那颗虎牙，这牙我给看过，记得"大家都不认得他却认。两个情节一对比，更"费猜"，你说这事听起来，是不是有些悬？就是那么悬！

《酒婆》这事就更悬了，喝假酒，酒婆"说醉就醉说醒就醒"，"上摆下摇，左歪右斜，悠悠旋转乐陶陶"；喝真酒，酒婆却毁了。结尾老板的"天下第一"问："到底是骗人不对，还是诚实不对？"多么耐人寻味！你能回答吗？天下事无奇不有，从这些渺茫的奇事中感受生活的真实；从略带夸张的人物描写中，感受酒婆那群人的真实生活；从幽默的语言中，感受作者的酸楚。这可能就是作者记录他们，为他们立传的真正目的吧。

《一阵风》《狗不理》《鼓一张》无一不是悬念迭起，生动有趣。但读过之后，掩卷沉思：是什么让他们成功？《一阵风》中的船夫，《狗不理》中的狗子，《鼓一张》中的白小宝，他们成功背后的原因是什么呢？ 作者没有明说，等着你我来思考、解读。

冯骥才的小说，通俗易懂，却余味无穷，特别是结尾的留白更是意味深远，余音袅袅绕梁三日而不绝。这些事虽然发生在过去，但在当下类似的事也时有发生。这些小说中的人物，或各色，或玲珑，在当下的人群中也有他们的影子，甚至在我们的灵魂深处，和他们都有某种契合。这就是名篇的魅力，他们并不会随着时间的流逝而消失，我们会在他们的身上观照到自己，会得到生活的启迪，这就是读书的终极目的，也是读书的乐趣。

另外，冯骥才和每个孩子一样，都有自己的童心童趣。《花脸》中的孩子，年根买个花脸面具，开启了他"英雄"般的经历，结果却是以打碎爸爸的花瓶而告终。《歪儿》写的是玩伴的故事。像歪儿一样的同伴，身边俯拾皆是，如何对待他们？作者给出了答案：善待身边每一个人，特别是那些弱小者。作者用温暖的语言，写出了温暖的故事，让每个读到这个故事的人，心也变得温暖起来。《我的"妈妈"》写了作者和奶妈的故事，正是奶妈无条件的爱的浸润，构成了作者童年生命的底色。

冯骥才的语言也很有特点，夸张的比喻，让人物形象过目不忘；动词连用精炼讲究；津味的方言，突出了笔下人物的地域特色；短句的运用使文章节奏明快，郎朗上口；白描般的描写，给人漫画般的画面感。这些都是我们写作时最需要学习、浸润、汲取的语言。

读完这些文章，如果不过瘾，我们还可以读《感恩生活》《神鞭》《三寸金莲》《单筒望远镜》这些中篇小说。从小说所塑造的人物中，走进冯骥才的思想世界。

写作攻略

跟着冯骥才学写作，我们可以这样做。

一、**感受冯骥才的语言**。冯骥才的语言简练有趣，节奏感很强，我们可以组织一个"奇人讲坛"，每人选择喜欢的一个奇人奇事，以第一人称的形式来讲"自己"的故事。

二、**发现身边故事**。我们可以走进大街小巷，看看身边的普通人身上有哪些绝活儿，同时也要尝试着去观察搜集身边的俗语，用他们的语言来写他们的故事，关注生活，关注身边的人和事。

三、**学习构思故事结构**。冯骥才的文章善于设置悬念，虽然篇幅不长，但是故事情节却一波三折，故事的结尾往往也出人意料，我们在写作时也要尝试构思故事的情节。

优秀作品展示

~~~~~~~~~~~~~~

酒 圣

王彩益　石家庄市滨湖小学五年级 3 班

旧楼房的房东最爱喝酒，被称为"酒圣"。

在酒楼里，他用眼扫视一圈，挑一瓶好酒放在嘴边，一闷，大半瓶儿没了，就这样干喝，从没醉过，这是真是假，人们不知，却也敬佩。

房东的手下小刘不信，便请房东喝酒，说是想看看您的酒量，可早已买了几十瓶的烈酒等着呢。

房东先是几瓶下肚，抿几下嘴，好似喝水，就剩两三瓶时，胃却烧起来了。"酒圣"抱着肚子用手摸着额头，眼前迷迷糊糊的，没一会儿倒在了椅子上，本光鲜亮丽的大衣沾满了酒水和口水，头斜靠在椅子头，还呼呼喘气呢。

小刘一见，向人们说，去这"酒圣"！"酒圣"这名声赛石头碎开，没了。"酒圣"醒来后什么也不知道，听小刘这么一讲一说，才猛地回过神儿来，直呼："完了。"

指导教师：张琢婧

皮 皮 侠

刘埔墅　石家庄市机场路小学六年级1班

今儿，我要给您学个人，这人呀，外号叫"皮皮侠"。我可没写错字，就是"侠"，可不是"皮皮虾"。这人，长着一双标准的长条眼，双眼皮，脸上肉挺多，嘴不是太大，耳朵倒是大得赛如来佛的耳朵。长得挺高，可还是一个字"胖"。

因为，这人说起话办起事来都好皮，又因为姓侠，因此得了个"雅号"叫作"皮皮侠"。要说关于他办的皮事儿，那可就多了去了。可有一件事，叫大家一直笑到今儿个。

那一次上英语课，老师讲完课文，就让大家写同步。他学习好，写得快呀，刷刷两下就写到最后一题了，他一看这题就乐了，两眼眯成一条缝，可他这笑啊，不像是正派笑，肯定是又有鬼点子了。他拿起笔，一边写一边笑。刚一落笔，就招呼大家来看，几个黑脑袋一块儿往那儿一钻，看一小会儿，互相对视一眼，也都笑得合不拢嘴。这到底写的什么呀？咱还不知道。没过一会儿，老师就把同步收起来抱回办公室了。一个大课间过完了，马上上课了，皮皮侠却被老师叫走了。他一边乐呵呵地走着，一边唱"骑上我心爱的小摩托，它永远不会堵车……"

到了老师办公室。只见老师在座位上严肃地看着他，再用余光一扫办公室，心想："坏了，所有老师都在盯着我。"老师"砰"的一声将同步摔在他面前，"看看你写的那个最后一题，自己念出来！"他拿起同步，翻到那一页，深情地念了起来。

"Where are you from?"（你从哪里来？）"I'm from my mom's boby."（我来自我妈妈的身体。）他刚念完这一段，办公室中的老师都笑出了声，可英语老师板着脸对他说："继续念呀，你！"

"What's your favorite class?"（最喜欢什么课？）"My favorite class is after class."（我最喜欢下课。）说到这儿，办公室中已经有了窃笑声，英语老师的嘴角也微微有些上扬。他注意到这一点后，接着念完了最后一题："How are you today?"（你今天如何？）"I'm bad, I have a bad cold, I think I will die!"（我不好，我得了重感冒，我想我要死了。）他刚念完，办公室中的老师已经开始捧腹大笑了，英语老师也忍不住了，大笑了起来。

没有被老师严厉的批评，他心中自然高兴，哼着小曲慢慢地往教室走。

"呀，已经上课十几分钟了！"

指导教师：张玉珍

我的朋友周子淇

马嘉然　石家庄市联盟路小学五年级

周子淇是我的朋友，她真的好好笑。

周子淇也是我的发小，和我一样大，可是她却比我低了半个头，为什么呢？因为她往两边长，而我往上长，而且她从来不吃鸡蛋，一提到鸡蛋就恶心，真不知道学 egg 的那节英语课她是怎么上的。

她和我上一个吉他班，几乎每次上课她都会弄出一些搞笑的事情。最好笑的是有一次考试。我们考试是老师随意出题，并不是做卷子，而我们的吉他老师也非常幽默，因此一节搞笑的课就这样开始了。

"一道题5分，共20道题，90分及格，也就是你错了3道题，你就没救了！现在先看看书，五分钟后我给你考试。""什么？马嘉然不考试？""这一节课是你的考试，快复习，别像上回考试，你考了个负分。""还不是因为你一道题扣50分吗？""周子淇，行了，行了，赶紧复习吧。"我说道。

五分钟后开始考试了。老师用手摆了一个6，问："这叫什么？"周子淇脱口而出："6。""错，马嘉然你给她记上。""这明明就是6呀，为什么算错？""这叫 la，扣5分。"老师你可不可以出题出严谨一点呀？""行行行，来第二道题。"老师笑了。我感到了一种马上就要特别好笑的气氛。

果然不出我所料。"请周子淇小同学三秒钟之内在你的吉他上弹出高音 mi。"我在旁边喊道:"一……二……三……""叮"一声响,"不对,你弹成高音 fa 了,扣 5 分!这次我出题够严谨了吧!"我看到周子淇无可奈何的笑,那笑可真勉强。"老师,你不带这样的吧,就三秒钟。"然后她又转过来偷偷对我说,还好没让我弹《小星星》什么的,否则我就完了。

没想到,老师说:"下一题,请周子淇同学弹一遍《小星星》。""噢 NO,NO,NO!"周子淇绝望了。"这道题 10 分,扣!你不及格了!""天哪,你破纪录了,两次不及格。"

周子淇是我最好笑的朋友!

指导教师:柴　迎

张 小 胖

孟子雄　石家庄市育英小学六年级 1 班

　　张小胖，原名张家正，在我们班里是响当当的人物，他什么特点最厉害呢？毋庸置疑，肯定是"吃"。他不仅是全班的出名人物，他还是全校数一数二的吃货。他跑起步来，就像一个大皮球在滚动。

　　当然他在我们班是有名的黑商，为什么叫他黑商呢？因为如果别人中午吃不完饭了，就让他帮忙吃一点，他越想越不对劲，所以他进一步开展了业务。吃半碗饭还要收钱，不仅收钱，而且还有高利贷。如果他帮一位同学吃了一碗饭，本来要收一块钱，但是恰巧的是这位同学今天没带钱，如果明天带的话，就要把一块钱翻倍成两块钱，所以同学们都叫他黑商。他已经靠这项业务赚了不少钱了。

　　他还有一个座右铭，就是"吃饭的时候绝不往桌子上掉一点儿东西"，当然，如果他帮别人吃饭的时候往桌子上掉落一点东西，他就不收钱了。有一天，我恰巧吃完饭，向他看了一眼，他正在帮别的同学吃饭，我假装走了过去，猛然发现他的桌子上有一个菜花，那是多么地显眼，但是猛然间，菜花又没有了。当他向同学要钱时，我走了过去，想跟他说一下，他收完钱了以后对我说："我知道你看见了我桌子上的一个小菜花，其实那只不过是我衣服上的图案罢了！"我恍然大悟，他紧接着又说："你是在怀疑我的技术吗？"我连忙摆手，笑了笑走了。黑商终究是黑商，终于有一天，他也露出了狐狸尾巴。

有一次，当他向一个同学收钱时，终于被老师发现了，被老师批评完，他决定改过自新，不再乱收钱了。当然他也不帮别人吃饭了，紧接着就是好多同学因为吃不完饭被老师批评了，他这就别扭开了，到底是他现在不对，还是以前帮别人吃饭不对呢？

指导教师：刘晓丹

俗世 "奇" 人

李轩奇　石家庄市联盟路小学六年级 4 班

"哈哈哈……"教室里同学们都笑得前仰后合，我们在干什么呢？原来大家在玩 "逗你笑" 的游戏呢。看了刘埔墅同学妖娆的表演，即使再高冷的人也一定会被逗的笑上三天三夜，为什么他表演得如此妖娆呢？因为……

他是个男生，平时真的很正常，但逗人笑时可是不一般的 "娘" 嘞。只见他迈着不正经的步子走上台，接着慢慢地慢慢地伸出他的手臂，双手摆成了兰花指的造型，此情此景使笑点低的同学 "哈哈哈" 爆笑了出来，我使劲儿憋着让自己忍住不笑，并在心里说不能笑不能笑，但他又向我们走来，妩媚地冲我们笑了笑。实在憋不住了！"哈哈哈……" 全班同学没有一个不是如此，你说他逗不逗。

最后 "逗你笑" 游戏在一片欢声笑语中结束了，我们都很快乐，因为那笑是发自内心的，是快乐的。

指导教师：赵小慧

小 草 莓

赵卓妍　石家庄市滨湖小学五年级2班

她到目前为止，依然是家中最天真可爱、童心澄澈的女孩。

草莓的画笔是零零散散的。一打开彩笔盒就挤出好些笔来，颜料像下雨一样洒了满地。

她的颜料箱里头装的是颜料、水彩、原子笔墨水儿染成的液体，一倒过来的时候，就滴滴答答地向外漏。草莓是喜欢她这一套绘画工具的，有事没事总随心所欲画出流畅的线条。

她的手是软绵短小的，因此并不用毛刷笔画，而是用水彩笔画画。

草莓画画时，那才好看呢。她举着笔想一会儿，然后轻盈地下笔，转动笔尖与笔杆，绝不用大片的深色，只画线条，用线条勾勒人与物，那才好看呢！

草莓的绘画盒用完了，就要收起来。彩笔胡乱塞进去，扣住扣子，像手提箱一样，好像她要出远门一般。

但凡出门，草莓就自己双手托着绘画箱，哥哥就调侃道："像个小蜗牛，为什么不让爸爸拿？"舅舅说："咱家草莓就是一只可爱的小蜗牛，留一个人跟着她的速度就行了。"

草莓只要一进我的屋子，床上的小猫就叫了。原来草莓太喜欢画画，小猫怕她画到自己身上。草莓也看着猫"喵——喵"地叫一声，开心地抱住了小猫。

可爱的小草莓。

指导教师：林颖卓

笑 话 刘

吴悠然　石家庄市联盟路小学六年级 4 班

"笑话刘"是我奥数班同学，我们奥数班同学人人都有一个本领或好玩儿的事，比如"猪头王""刀子嘴"等，凡是有外号的同学背后必然有好笑的事儿，今天我要说的是——笑话刘。

笑话刘相貌普通，赛个猪崽，小小的个子，整体下来就同球一般。你们别看他这么胖，要是讲起相声来，那动作演绎起来，可真是活灵活现，惟妙惟肖。

笑话刘记奥数题的本事没有，可记相声里面的台词，那是贼快的。上次我们班的"猪头王"将手机打开，给他放了一段相声，放完之后让他学出来，他一字不带差地说了出来，还带了一些动作，搞得在场所有的人都捧腹大笑。

要说最绝的，还得是上次在小区里发生的事儿。那天，下了奥数课我和他一起回家，他一路上说说笑笑好不热闹，走到半路的时候遇见了一位乞丐，乞丐是位老爷爷，双目失明，还有些难过。他将一枚硬币放入碗中，老爷爷没搭理他，我也将一枚硬币投入老爷爷碗中，老爷爷也没搭理我，我心想："你一个要饭的还这么心高气傲，哼！"我正准备走，笑话刘拉住我，我停了下来，他又说起了相声，还带了一些动作，他像球一般的身体摇来摇去，好看极了，终于将老爷爷逗笑了。原来老爷爷的孙子去上学了，一个星期回来一次，他想他孙子了。

从此，笑话刘讲笑话讲得更有劲儿了。

指导教师：柴　迎

逗 你 笑

李佑天　石家庄市前杜北小学五年级

"哈哈哈哈……"同学们在刘埔墅搞笑的表演中笑出了猪叫声。

为什么会笑出猪叫声呢？因为老师给我们举办了一次逗笑比赛。第一个上来逗大家笑的是刘埔墅同学，只见他迈着轻盈的小碎步，两臂张开，手摆成了兰花指，步伐轻盈地飘上了台。突然"砰"的一声，他坐在了地上，然后他见我们不笑自己便像神经病一样开始大笑，大家始终保持沉默，除了两个女生，我不得不承认女生的笑点就是低。

转瞬之间，画风突变。他的手型立时变成了兰花指，开始用一些妖娆的动作攻击我们的心理，我们立刻支撑不住了，有的人趴在桌子上笑，有的人笑得捂住了肚子，还有的竟笑出了猪叫声，毫无疑问刘埔墅同学完胜了。

这次比赛我也笑了，不得不说刘埔墅真的是非常幽默，我完败了。

指导教师：柴　迎

画 家 许

李轩奇　石家庄市联盟路小学六年级 4 班

　　画家许是我的表姐，她打小就学着画画，历经小学六年的时光，她的画技可算是炉火纯青了。她要是画动物，那动物仿佛就能从画里跳出来；要是画风景，就好似让你身临其境。

　　我是她的徒弟，但不给她帮忙还是老捣乱，不学画画，专看她画画，她从不怪我，每次总是自己收拾烂摊子。

　　有一次，我去她家，正巧碰到她刚刚开始画画。我趁她不注意偷偷溜进了她的房间，看见她的右手拿着画笔，前面是画架，上面铺了一张卡纸。我离近了些，只见她眉头拧成了一个疙瘩，左手托着腮帮子在思索着什么，我静静地等待着，时间一点点流逝，忽然她紧皱的眉头松开了，嘴角上扬，把画笔把玩儿了一圈儿，随即画了起来，刷刷声中一幅画作便完成了。我凑近一看，两只尖而小、白又红的小耳朵，一对乌溜溜的眼睛，小嘴儿弯弯的成了一条缝，每个爪子有五个脚趾，通体呈棕白色。哦，是一只荷兰猪，我看呆了，仿佛它马上就要跳出来了。她见我傻傻的样子笑了说："没有刻苦的学习是不可能成功的。"

　　那天，我见到体会到的，恐怕别人一辈子也不一定能明白呢。

指导教师：柴　迎

李 小 刀

马韶晗　石家庄市联盟路小学六年级 2 班

　　我们班的人好开玩笑，有的外号当面叫，有的只能背后叫。凡是有外号的人，背后必有一个好笑的故事，就比如我们班的——李小刀。

　　李小刀原名叫李胡英，他相貌普通，短脖短腿，你们别看他身材像猪，其实，他甩飞刀那叫个精准，只要你随便在墙上贴上一张白纸，中间用笔点个点儿，他"嗖"地一下就能把刀片上的顶尖穿入白纸中间的那个点儿。当然，你们肯定会问我，纸那么薄，怎么可能穿进去呢？当然穿不进去，可他却凭那飞快的手指"一拧"再"一甩"，那飞快的刀片在空中盘旋，"咔"一声，刀片直接穿墙而入。

　　他的技术精湛，那一双有神的眼睛是怎么能隔这么远的距离让飞刀穿墙而入呢？有一次，李小刀向我们展示他要蒙着眼睛甩飞刀，动作还是像以前一样，"一拧"再"一甩"，可没想到这次飞刀在空中竟然绕了一个弯儿，一下子就甩到李小刀脸上了，我们哈哈大笑，笑得人仰马翻，谁知刀片是假的，我说怎么没把脸划破呢，李小刀的脸立马红了起来。

　　这时，老师来了，我们赶紧回到自己的座位上。这节课李小刀被罚站了，他的脸上有一种生无可恋的表情，我们却笑"死"了。

指导教师：柴　迎

跑 步 甄

甄佑铭　石家庄市新星小学六年级 2 班

学校胜地，能人如林，此间出了两位跑步高手，把这种稀松平常的跑步跑得远近闻名，全校无人不知。

这二位，一位人瘦身高，一位瘦小。一位叫甄佑铭，一位叫王锐杰，虽说异姓，但好赛哥俩，两人手拉手一起玩耍，一起上下学，全校人都知道他俩是好朋友。

甄佑铭和王锐杰跑得快，每日必跑一局，他俩手拉手去跑步，两小时后，两人满头大汗，从公园跑了出来。

一位快如闪电，一位赛如火箭，两人不相上下。但一件事却让王锐杰成了全校闻名的慢跑选手。

一天，体育期中测试，要跑一圈，甄佑铭和王锐杰信心满满地上了跑道，体育老师一发令，几个人疾如闪电似的飞了出去。王锐杰正在发力，只听"噔"的一声，他的鞋被踩掉了。王锐杰被后面紧追的人赶超了。

结果甄佑铭成了第一名，王锐杰成了倒数第一。因为这个意外，跑神王锐杰挂不上号了，但是两人还是好朋友。

指导教师：韩　亚

歌唱家"郑"

李轩奇　石家庄市联盟路小学六年级 4 班

歌唱家"郑"是我的同班同学，她打小就参加了声乐班，天资聪颖的她很快掌握了唱歌的技巧，唱出的歌都可以称之为"天籁之音"了，她是我们班公认的歌星，无论她唱什么，都会让你觉得身临其境。

她经过六年的声乐课学习，已经拿到了目前可拿到的最高级别的证书，她会唱的歌，知道的歌比老师都多。

有一次，我们学校四至六年级的大队委要竞选宣传委员、组织委员、大队长等几个职位，坐在少先队活动室里，她十分紧张。首先，六年级的大队委按班级顺序依次上台演讲、表演。在一班二号表演节目时，她脸色一白，把我叫到了外面，对我说她表演的那个节目也是《我的祖国》，她要重新准备一下，清唱《星星的眼睛》，叫我跟老师说一下，我对老师讲明了事情的经过，老师犹豫了一会儿，同意了。

谁都以为她唱不好那首歌，才练习了五分钟，能唱好才怪了。可是你瞧瞧她，上台时，面不红，心不跳，做好了充分的心理准备，就好像练了许多遍似的。她站在台上介绍完自己后，开始唱《星星的眼睛》："星星的眼睛眨呀眨……"歌一出口，在场的所有人都惊呆了，这是出自十一岁女孩之口的歌声吗？连老师都惊呆了，再看看她，依然只是静静地、轻轻地唱完了歌，台下响起了雷鸣般的掌声。

她就是这样的一个人，恬静、淡然、与世无争，但她总是私底下努力，把最好的一面展现给我们。

指导教师：柴　迎

第八章

跟着梁晓声学写作

白硕哲　河北师范大学附属小学

名家简介

〜〜〜〜〜〜

梁晓声，1949 年 9 月 22 日出生于哈尔滨市，祖籍山东荣成。和共和国一起诞生，伴随着共和国的成长，从小受到的教育，让他更有家国情怀、责任意识。

1968 年，高中毕业的他，赶上了知识青年上山下乡运动，成为黑龙江生产建设兵团的一名"兵团战士"，在北大荒度过了七年的知青岁月。由于他擅长写作，被批准参加了全兵团的文学创作培训班。他参加文学培训班期间，创作了小说《向导》，并发表在当时的《兵团战士报》。

1974 年，复旦大学的一名老师到兵团招生，他借助《向导》一书得到老师力荐，随后就读于复旦大学中文系。

梁晓声给自己的写作定位一直是"做时代忠诚的书记员"，秉持文学应当担负"史外之史"的意义："历史中的'底层'永远只是数字、名词、百姓……只有在文学作品中，'底层'才能化为有血有肉的具体的人，而且比现实中更加鲜活、更加有特点。"作为一名"书记员"，梁晓声用温暖的笔去触摸大历史之外的"小人物"，将历史中抽象的"底层"绘制出生命的温度。所以，立足底层平民、聚焦大时代中小人物的日常生活，便成了梁晓声新时期以来文学作品的主要立场和创作方向。

"我不仅要写社会是怎样的，还要写社会应该是怎样的"，"在生活泥泞中开出的莲花"，梁晓声更多地是从平民立场出发，去描写平民的日常生活，表现他们在艰苦的社会环境中所具有的正直和善良本性，将人们心灵光辉的一面展现出来。他立足底层，直指人心，于人间烟火处彰显道义和担当，在悲欢离合中书写情怀，在坎坷人世间构建出温暖。

名家作品赏析

~~~~~~~

在《母亲》一文中，梁先生笔下的母亲，是普天之下所有母亲的一个缩影、一扇窗户，打开她，必将打开一切母爱的情感闸门。

在《父亲》一文中，梁先生笔下的父亲，是普天之下靠出卖劳动力供养儿女的、所有父亲的一个缩影。他们承担起抚养孩子的重任，但要显出强者的样子，隐忍是父亲的标配，尽管有时力不从心，也咬紧牙关撑着。他们是男权文化的实施者，对家庭、妻儿有很强的掌控欲，但在强硬的外表下，是颗虚弱的柔软的心。随着年龄的增长，力气的消失，他们那颗掌控的心更显脆弱，于是会出现许多挣扎、痛苦，这就是梁晓声笔下的父亲形象，立体而丰满，

《我的发小——二小的故事》《戴橘色套袖的人》《看自行车的女人》共同点是生活在社会底层的劳动者，他们得到的很少，但他们献给社会的却是美好，就像"开在泥泞中的莲花"一样，在泥泞中挣扎，却为他人奉献出美好的鲜花。这些历史之外的小人物，普通得往往让人忽略他们的存在，梁晓声的伟大之处，就在于他关注这些尘埃般的小人物，并为他们立传、发声，在历史长河中留下他们的身影。

写作攻略

〜〜〜〜〜〜〜〜

跟着梁晓声学写作，我们可以这样做。

一、关注身边平凡的小事情、小人物。体会梁晓声对所有人的人文关怀，学习梁晓声关注身边普通人，在普通人的生活中发现他们的美好。想一想，你身边是否也有这样平凡普通却透着善良的人性光辉的人呢？用梁晓声的方法，写写自己的故事吧。

二、学习作者出人意料的情节安排，体会每个出乎意料背后的情和理。想一想自己身边是否也有像母亲那样无论自己的境遇如何，始终保持善良的人？构思一下，借助具体的事件，记录下来吧。

三、学习作者在特定的矛盾情境中展示父亲形象的方法。感受小说《父亲》中的父亲形象，作者是如何在特定的环境、具体的小事中，借助动作、神态、心理、语言描写，塑造父亲形象的。

优秀作品展示

～～～～～～

爷 爷

王梓凝　石家庄市东简良小学五年级 2 班

爷爷的衣柜，是整齐的，一打开他的衣柜，衣服就像一列火车，整齐排列，但是这些衣服连着的火车不知开向何处。

爷爷的床，很干净、整洁。一掀动他的被子，一股清香迎面飘来，令人心旷神怡。

爷爷爱护他的一切，尤其爱护他那张照片与军装。其实在我心中，爷爷是个严肃、倔强的人，他坚持自己的想法。

有一次，爷爷又去看自己入伍时的照片，去叠自己的军装。奶奶见了皱皱眉说道："疯老头子，不就一张照片、一件军装，你至于吗！"爷爷生气了，喊道："你懂什么？它特别珍贵！"说完爷爷又去擦照片了。我不明白，也不理解。

还有一次，我去找爷爷聊天，听见爷爷自言自语，我打开门一瞧，爷爷眼里泛着光，轻轻抚摸着照片说："哎！都老了，再也回不去了！

也不知道我的同事还好吗？想念他们呀！"我听着，听着，心里一阵酸，明白了，爷爷为什么那么那么爱他的军装和照片了。

爷爷虽然对我要求严格，但我却在心里敬佩他。当我再打开爷爷的衣柜时，又看见了那列火车，那列火车开向了爷爷年少时的美好。

指导教师：邓红敏

....

庐　山

孙鹤轩　石家庄市北新街小学四年级 1 班

看庐山最妙的是下点小雨。看吧，雨珠滴在山石上，滴在雨伞上，滴在每一节台阶上，山顶上雨水从石头上流了下来，宛如从山的眼睛里淌出的一般，半山腰上还耸立着青绿的矮松，在隐隐发光，山脚下有好多的草孩子从土里探出头来，一丛丛花儿绽开了灿烂的笑脸。

美丽的庐山啊！山道时而宽阔，时而狭窄，时而平缓，时而陡峭，变化多端。

再看那瀑布，在李白笔下"飞流直下三千尺"。而此时，和着小雨非但不急促，反倒非常平缓地流动着，流，流，流，从极高的山上流了下来，宛若一个茶壶，慢慢地往外泻着，美丽极了。

小雨骤停，阳光洒了下来，透过了瀑布，发出了彩虹似的光芒，红，橙，黄，绿，青，蓝，紫，这就是庐山的美景。

指导教师：马　昱

老年人的便利店

王若西　石家庄市青园街小学五年级 7 班

网红打卡地想必人人都知道几个，我家住的这条街就是一个。尤其到晚上，人极其得多，人们站在街旁，用着专业相机拍摄，甚至站在马路中央拍照，以至于从这儿过的车只能绕道了。

在这极为热闹的街头，有一家几乎无人知晓的小店，店门很窄，门口放着一辆快要报废的破三轮，这家卖菜店牌也是因为要集体改造旧街才挂起来的，名字也是随便一起。来这买菜的，也是一群老年人。菜品不多，只是一些家常菜，而且只能用现金，从而成为老年人的便利店。

这店由夫妻二人照看，他们年纪大了，没儿没女，每天早出晚归。丈夫负责进菜，只有一点吃饭的时间，吃饭时因为着急，饭菜很容易掉到身上。他不管不顾，只对妻子大喊一句："我走了！"不等妻子回应，就骑着三轮车走了。而妻子呢，从来不管大街上拍照的人，因为她清楚，年轻人是不会来这儿买菜的。只有遇见老人才会简单地问一句："来买菜吗？"那人回应一下，转身走了。

日子便这样一天天过着。突然有一天，这家小店热闹了起来。店面里不仅有往日的老人，还多了许多年轻人。他们有的帮着整理店面，有的帮夫妻二人直播卖菜。他们说，这样的诚信小店，这样的健康蔬菜，这样的纯朴老人，应该被更多人看见。

原来，这群年轻人一直关注着这家便利店，他们想尽一己之力来帮助两位老人。他们观察小店、拍摄照片、开设视频号，策划了很久，于是有了现在的一幕。

再看看站在店门口的两位老人，慈祥的他们已经热泪盈眶。

指导教师：赵　洁

·······························

我 的 家 乡

杜佳乐　石家庄市北新街小学四年级1班

我的家乡在赵县，这里有举世闻名的赵州桥，所以我觉得这里是最美丽的一座县城。

到达家乡，这里还是往日的气息：草是香的，是多的，是杂的。有往来的小孩吃着糖葫芦，笑着，吃着。

走进一条小胡同，就到了我的老家，我怀着激动的心情，推开了大门。迎面而来的是舅舅拿给我的几个馒头，还嘱咐说："来，先吃几个，吃饱了才有力气玩。"

我拿了几个，舅舅就带我去玩了。

"冰糖——葫芦！"有人在吆喝着，舅舅给了我几块钱，我往胡同外飞奔而去。

出了胡同，各种小吃令我眼花缭乱，先买了一个糖葫芦吃着，有种家乡的味道。我便多买了几个，美滋滋地吃了起来。

不一会儿，全都吃完了，吸一吸蜜，这才算吃完。

指导教师：张艳丽

父　亲

唐煦昂　石家庄市东风西路小学五年级 2 班

小时候，父亲在我心目中是不苟言笑的一家之主，绝对严肃，虽然我不知道他的工作，但父亲每天都穿得西装革履。

父亲板起脸，我和弟弟就忐忑不安，如对暴风骤雨有感应的鸟儿。

但在母亲眼中，父亲，只不过就是墙头的一根草，母亲说向东就向东，绝不向西。

一次，母亲出差了，很晚才回家。

一进家门，母亲就盯着还未收拾的床铺和桌椅，顿时雷霆大发，对父亲就是一通喊。而父亲呢？就只是默默承受着，从不插嘴。

"你回家到底干什么了，怎么连床都不收拾！"母亲一边收拾碗筷，一边忍不住责怪父亲。责怪声中掺杂着碗筷发出的叮当声，那是我最不愿听到的、最难听的声音。这时，弟弟从门中探出了头，招呼我进屋。

那一天晚上，父亲早早就睡了，我本以为父亲退缩了。可等母亲睡着以后，他又起床。我亲眼看见，他像什么事都没发生一样，把第二天的早餐弄好摆到了桌上。

我第一次明白父亲其实很爱我和母亲。

第一次感受到父亲的责任。

第一次明白，父爱无言，其实父亲是多么地尊重母亲啊！

指导教师：边　红

和小七在一起的时光

倪菽遥　浙江宁波市鄞州蓝青小学 403 班

暑假里，张云帆一家去了新疆，把他们家的猫——小七，养在了我们家。

小七是一只雪白的猫，白毛尖上留着一点银色，两只眼睛蓝蓝的，好似深海里的美人鱼，小爪子肉嘟嘟的，真是可爱。

小七一到我家，我们一家人就百般宠爱它，一直把它放在怀里，是又抱又挠。可它呢？不停地跑到窗口，看着玻璃外的世界，也许它有些想家了吧！

有一次，我在练小提琴，小七爬到了椅子上，用它那星空般的大眼睛温柔地注视着我。我一开始想不明白，但后来我拉到了高潮部分，

一看那小七，优雅地闭着眼睛，好像睡着了似的，也许它是被音乐陶醉了吧！可我一停下来，它猛地一下睁开了眼睛，迷离地看着我。之后它每次都这样。

直到有一天，我像往常一样抱着它，可这次，它好像不领情似的，不停地想挣脱我的怀抱。一开始我不当回事，就继续抱着它，可它用后脚不停踢我，突然头向下看，一下子落在了地上，抬起头可怜地看着我。此时，我发现它把我的胸口和大腿抓破了。我很想说它两句，教训它一番，可妈妈却说："你跟小猫计较什么。"我听了妈妈的话，住了嘴。

因为这事，我去医院打了好几针狂犬疫苗。

后来，张云帆一家回来了，他们问我还要不要再养两天。我对妈妈说："有些小东西生来就不愿被束缚，你不能勉强它们做一些事，否则自己也会受到伤害，让它回到自己的家吧！"

指导教师：刘发建

鱼缸中的"拓荒者"

王君初　河北师范大学附属小学三年级6班

在我学校的楼道里，有一个漂亮又巨大的鱼缸，在那个鱼缸里，却有一个不那么漂亮的"拓荒者"。它全身呈金黄色，只有肚皮是深黄色的。它没有金鱼那样矫健的身姿，也没有小鱼仔那样轻盈的体态，看上去是那么不起眼，也不太合群，好像别的鱼对它并不那么友好。但是，它却在为鱼缸里的水质日夜奋战，它就是"清道夫鱼"。

你看：它正在把嘴贴在"地上"，大口大口地吃着鱼儿们的屎和尿。看到这里，你可能会想：怎么鱼的屎还能吃啊？而且，它竟然吃得那么香？

这你可就不知道了，在别人眼里，很恶心的鱼屎，在清道夫的眼里，却是山珍海味呢！

还有一个很奇妙的现象，你知道清道夫是怎么睡觉的吗？它竟然会把自己"挂"在鱼缸的玻璃墙壁上，像极了在太空中睡觉的航天员呢！宇航员的梦想，是为我们探索浩瀚宇宙的奥秘，而清道夫这个不起眼的小生命，可能也有它的"伟大梦想"，那会是什么呢？我觉得，就是把它生活的鱼缸里的水净化得清澈透亮，就像浩瀚的太空一样吧！

指导教师：白硕哲

我身边的防疫故事

高可璇　石家庄市联盟路小学五年级

庚子年初，一场战"疫"打开了2020年这本与众不同的书，而这本书的主题就是抗击新型冠状病毒。

故事是这样的：

当一个新年的开始，当一场病毒的爆发，当一场战"疫"的开始，中国又让世界刮目相看了。

这是一场十四亿人参与的全民战役，一场看不见硝烟的战斗。

空荡的马路，无人的街道。这场战役牵动着所有人的心，这场战役凝聚了太多人的力量。

人们自觉宅家，不出门，不聚会，但无时无刻不在通过网络、电视等各种渠道关心着这场战役。每个人都在为这场战役做着贡献。

前线，医护人员不计个人安危，英勇上阵，冒着生命危险抢救病人；后方，小区物业人员也纷纷投身防疫战斗，他们用行动构筑起疫情防控的坚强防线，保护着我们的安全。

唉！这让我想起看到的一些话：

"武汉！你没啥我们给啥！"

"但白衣天使是借你的。"

"他们一定要平安回来！"

"一个都不许少！"

看，知道祖国有难，在国外的中国人一个个都回来了，但他们可不是空着手回来的！国外的防护服、口罩等防疫物资一样不少，全都带回了祖国。一个外国人说："天哪！中国人太团结了！"

是什么让中国如此团结？是信念，是支持，是力量，是亿万中国人的呐喊："中国加油！武汉加油！"

学校也开展停课不停学的活动，老师精心为我们备课，通过网络、电视等设备让我们学习新学期的课程，每天课后还要布置作业、批改作业、反馈作业。鼠标代替粉笔，电脑代替了课堂，老师为我们付出了太多的辛苦，真正做到了学习防疫两不误。

爸爸妈妈每天在家里通风、消毒，为我测量体温。已经复工的他们每天全副武装，口罩、消毒样样不少，但他们回家还是马上洗澡更衣，就是怕把病毒带回家里。爸爸在单位也积极向疫区捐款，到处筹备防疫物资援助相关单位。

此时，我竟有些可怜病毒："看见没？这就是中国，快走吧！别再来了，这样下去，你一定会被消灭的！"

这就是那个与众不同的故事。

多希望疫情能快点过去啊！我想快点回到学校，回到教室与老师面对面地上课，跟同学们一起读书，一起欢笑，一起游戏，一起成长……

指导教师：赵 珊

初识小蝈蝈

王一杉　河北师范大学附属小学三年级 6 班

前天，爸爸送给我一只可爱的小蝈蝈，我开心极了！他一进门，我赶紧跑了过去对着蝈蝈的小笼子，我睁大了眼睛，左看右看，好奇地问："爸爸，这是什么蝈蝈啊？"爸爸微微一笑，回答道："这是铁蝈蝈，蝈蝈里边寿命长、个头大，漂亮健壮的品种。"

我一边听爸爸娓娓道来，一边认真地观察着这只新来到我家的小生命。它全身黑灰色，还透着一点点朦朦胧胧的墨绿，瞪着黄色的、像灯泡一样的两个眼睛看着我，好像也在好奇地打量着我这个新主人。有时，它喜欢用小手摸摸脑袋，晃动两个细长的触角，特别像身穿西装、彬彬有礼的绅士。它还有两条粗壮的后腿，我想那便是它遇见敌人，可以迅速逃生的利器！不过我的蝈蝈也有一点点贪吃的小缺点，当我把一点卷心菜放在它面前的时候，它马上就抛开了绅士风度，发疯似的冲向卷心菜，贪婪地吃了起来，还粗暴的用小爪子划开了我的手指头，不过，我一点也不在意，我还是很喜欢这刚刚来到我们家的小生命！

指导教师：白硕哲

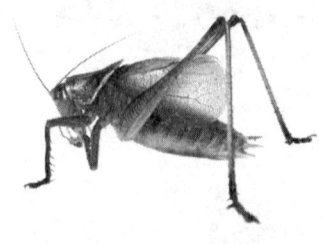

北地王刘谌

王海容 石家庄市公园城小学六年级

游说众臣

公元 263 年，魏将邓艾偷渡阴平，攻取绵竹，直杀到蓉城外。

刘禅正手足无措地看着一众大臣，光禄大夫谯周说道："主公何不投降魏国以谋取封地？这样上可保先帝封号，下可保黎民百姓。愿陛下……""你个贪生怕死之辈，这样的人怎可参与商议国家大事。"说话之人正是刘禅之子北地王刘谌。

"难道你想看魏军的铁蹄将城池踏平吗？"谯周反问道。

"邓艾翻越阴平小道历尽千难万险，又与诸葛瞻大战一场，手下的兵不是病，就是逃。就这点儿兵，怎可能攻破城池？"刘谌不给别人反驳的时间，继续说道，"姜维将军全军皆在剑阁，如若知道魏军来犯，必然回援。钟会与邓艾不合，定不会纠缠姜维。内外夹击，必然大获全胜。"

"黄口小儿，怎知何为天时？"刘禅怒斥道。

"国家到了穷途末路的地步，自然会有亡国之灾，这时应该是父子、君臣一起做最后的努力，为蜀汉的江山而死，这样也可以去见先帝了？"刘谌几句话将众臣说的哑口无言。

"那你打算怎样？"谯周问道。"只需给我千余兵马即可。"

大破邓艾

邓艾营中，一名副将对邓艾说："将军，若那刘禅不降，我们这些人手也攻不下城池啊。"

"那刘禅做事向来懦弱，要不是诸葛亮，那蜀国早就亡了。现在诸葛亮已死，姜维又在剑阁与钟会对峙。蜀国不会再有能说服刘禅的人了。"说完后，邓艾脸上露出了抹胜利者的微笑。"钟会，你给我等着。"邓艾心中默默产生了一个念头。

刘禅将所有政务推给刘谌处理，自己便又去快活了，却将刘谌累惨了。好不容易刚处理完政务，下人又来报，说："王平将军求见。"刘谌无可奈何地说道："让他进来吧。"

"你在朝堂所言极是，我却有一点不知。这些兵马你打算如何应用？"王平上来就开门见山地问道。

"先令赵广将军带军杀入邓艾营中，打破敌营后，一定要放了邓艾。这个人，还有用。"刘谌略一思索便说道，"另外再通知姜维，这几天什么都不用干，只需静等邓艾来降便可。"

王平虽未解其意，却也没再过问，便告退走出房门。

当日傍晚，刘谌令赵广率一千士兵出城偷袭邓艾大营。邓艾毫无防备，大军溃败，邓艾从小路逃走。

"派人去散布谣言，就说那邓艾已降。再让姜维将军给邓艾送一封书信。"刘谌露出了一丝狡诈的微笑，然后就将目光扫向了剑阁。

后来，邓艾遭到钟会怀疑，被迫投降姜维，导致魏国军中机密全被姜维所知。姜维挥军北上，先灭钟会，后入长安，最后平定中原。

指导教师：王妍妍

大 麦 地

闫伟泽　石家庄市水源街小学六年级 2 班

大概是在三年级的暑假，我才有了一块自己的宝地。

先不说那里有什么好东西，也不说那里有半枯半活的核桃树，单看那离这不远的乱岗填埋的土包子墓，也知道这里不咋地。但这里却有无限乐趣。如果不怕树上的虫子，还可以砸一些核桃，虽然没全熟但至少能吃。

我每年暑假都会回老家看看我的"宝地"，去村里的小卖部买两块泡泡糖，和我姑奶奶家的孙子一起去那块地抓蚂蚱。

去年时发生了一件好玩的事，我们村里有人养了一群羊，大概是主人没睡好，于是他躺在稻草上倒头就睡，看他那样子大概一时半会儿醒不来。于是一只羊闯进了我们的"宝地"，我们抓蚂蚱也没在意，那羊便朝我们撞来，我和扬扬吓了一跳，马上跑了出去，我和羊有一段距离后，我便心生恶意，顺手抠了一块土朝羊扔去，羊吓了一跳，便朝羊群撞去，羊群也吓了一跳，开始乱蹦乱跳，只听到了后面传来主人的骂声，但我们早已跑远了。

大麦地里的故事总是刻在心里最深处，时时回忆都觉得甜甜的，过年时我一定要再回去一趟。

指导教师：石丽静

我心目中的端午节

黄熙然　石家庄市第四十二中学

"端午佳节，粽香满街"，又到了一年一度的端午节。包粽子、吃粽子、赛龙舟……，各种好玩的活动等着人们参加。

在端午节前夕，我们家早早地准备起来，我也参与了进来。看姥姥包粽子看的我心真痒痒。"姥姥，包粽子简单吗？""来上手试试吧。"于是我小心翼翼地拣起一张苇叶，把它卷成一个三角锥形状，和姥姥卷的一模一样，确认了这点，我才往那个三角锥形的小碗里一勺一勺地放糯米，直到把那个像小碗一样的圆锥装满、装平，接下来就到了最艰难的部分——封口。要让剩下的苇叶灵活地缠绕在粽子周围，再把开口露米的部分盖住，一道缝也不能留，最后再穿针引线，用苇叶的小尾巴把粽子紧固住。如果没有固定紧，那么前面付出的诸多努力全部功亏一篑。好不容易塞进去的米洒了一桌子，苇叶倒还是老老实实地蜷缩在我的手里，像是个犯了错的孩子。我的衣服上沾满了糯米，在我和姥姥一起收拾了一小时后，又恢复了原样。

第二次尝试，我显得格外小心。很快，又到了令我望而却步的"封口"，我努力让双手配合得更好，左手捂住那只满满当当的"小碗"，右手进行着封口的步骤。几分钟后，一只并不怎么完美的粽子诞生了。我太开心了。

虽然端午节非常热闹，但如果没有党就没有现在幸福的生活，在党的关怀下，一代又一代祖国的花朵成长起来，长大后我也要为国效力、为党争光，为了我们伟大祖国繁荣富强做出自己的贡献。

指导教师：孙银花

....

如果我是一束光

孙晓涵　邯郸武安市兰村学校六年级 6 班

如果给你一次机会，可以变成世界上任何一种东西，你会选择变成什么？我会变成一束光，一束有意义的光……

如果我是一束光，那么我会变成阳光，我会给万物带来生机，温暖、照耀人们；如果我是一束光，那么我会变成一束希望的光……

我的座位靠窗，每天都会有阳光照在我的桌子上，每次看到它，我都会充满活力。在我眼中，它是希望的光。我想把这光发扬到世界各地，带到山里，带到每一个贫困的地方，带到每一个孩童的心里，鼓励他们走出大山，激励他们脱贫致富，引领他们发奋图强。

如果我是一束光，那么我会变成灯光，我会为那些孩子们变成台灯的光，让他们在夜晚也可以学习；我会为路上的人们变成路灯的光，为司机照亮前方的路，让怕黑的孩子不再恐惧黑暗，更点亮学子的前程。

光是正义的化身，是每个人心中都渴望的东西。虽然这些看似都只是我的幻想，但其实并非如此。因为每个人都是一束光，一束属于自己的光。

指导教师：郭晓芳

奶奶，我想您了

王子媛　石家庄市万信小学六年级 2 班

我的心头时常会浮现出这样一个人：花白的头发在风中凌乱地飞着，佝偻着身子或种菜，或喂鸡……她就是我的奶奶，虽只是数日未见，但心里甚是想念。奶奶，我想您了。

奶奶与爷爷独自住在堪称大别墅的庭院，原本可以安度晚年，可奶奶闲不住，日夜操劳。每天早晨五点左右就起床干活。扫院子、洗衣服，后院大群的鸡、鸭、鹅也都由她一手操劳，没有一句怨言。

奶奶已是苍苍白发，不仅身板不行，牙口更是不好，只要哪个牙一晃荡，定痛得晚上发出"哎哟，哎哟"的哀叫声，让我很是心疼。

奶奶有个最大的特点，就是虽然家里衣食富足，可她就是省吃俭用。放着新衣服不穿，总是穿着那身洗得变色的衣服；剩菜剩饭从不舍得倒掉，给她买回去的好吃的，经常放过期……奶奶经常说，虽然现在生活条件好了，但是不能浪费，要学会节约。我知道奶奶是舍不得。

奶奶对我却总是有求必应，我回家先给我拿好吃的，从来不给我吃剩饭，还会给我买很贵的玩具和零食。奶奶是我大大的依靠，我受委屈时她便把我搂在怀里，边拍边说："我的宝儿，乖，不哭了啊，擦擦眼泪，要不然就不好看了……"奶奶的安慰虽然幼稚了点，却常常让我忍不住笑出声。

奶奶任劳任怨过了一辈子，能给她安慰的就只有我们孩子。真想天天靠在奶奶的怀里。奶奶，我想您了。

指导教师：池英姿

一场没有硝烟的战争

安凯格　邯郸武安市兰村学校五年级 4 班

战争是什么样子，是炮火连天的，是硝烟四起的，但河南人民正在经历的这场战争，没有炮火，没有硝烟，而是一场人与大自然的抗争。

突如其来的一场暴风雨降临在毫无准备的河南郑州。这场暴雨"哒哒哒"的声音好似机枪，打击着河南郑州的人民，航拍中的河南，大地成了大海，城市、村庄正在被洪水吞噬着、侵蚀着。

这场可怕的洪灾，像强盗一样，夺走了人们的食物，夺走了人们的房屋，夺走了钱财，更夺走了人们的生命。然而面对这一切的困难，人们在恐惧中顽强奋战着，互帮互助。我看到，人们在洪水湍急的街道，合力救助险些溺亡的女士；我看到，被困地铁，水已经淹至胸口的人们，仍在互相鼓舞着"要坚持，不要放弃生的希望"；我看到，朋友圈内发布的，超市、门店、酒店、宾馆为受灾群众提供的免费服务；我看到，那些穿着橘色救生衣的救援人员，他们用自己的身体搭成一面坚固的桥，让受伤的人走过去，安抚着那些还未受到救援的人们："大家坚持住，我们马上就来！"救援人员一手拉着老人一手抱着小孩子，将他们安全转移后便回去救其他人；而那些灾员得救后总会向他们投去心疼的目光，他们总会报以微笑。救援人员中包含中国军人、消防人员和热心公民。我看到，各大网络媒体平台、全国人民纷纷为河南加油鼓劲，"河南加油""河南挺住""河南一定行""河南，我们来了"；我更看到，四面八方捐款捐物，各个省份驰援河南，就像疫情期间大家驰援武汉那样。一幕幕触目惊心，然而一幕幕又格外暖心，我体会到在大自然面前人的无力和渺小；我体会到天灾无情人有情；我体会到当受到灾难时，中国人民总会团结一致，克服困难，一方有难，八方驰援……

愿这场没有炮火的战争尽快结束，让这场"洪灾"举起白旗，最后向所有抗击洪灾的人们致敬！

指导教师：牛文婧

保护视力，刻不容缓

孟傲寒　邯郸武安市兰村学校六年级 4 班

随着社会的发展，电子产品的数量在日益增长，种类也越来越多，它在给我们的生活带来娱乐和便利的同时，也是一把双刃剑，直接影响了青少年的视力，越来越多的青少年戴上了眼镜。

我就是一个很好的例子。从小妈妈就告诫我，要保护好自己的眼睛，少玩手机电脑，而我总是左耳朵进右耳朵出，不以为意。有一天换了座位，我突然发现看不清楚黑板了，老师的粉笔字密密麻麻，像是甲骨文，即使我睁大眼睛使劲看，还是看不清，而且还有一种重叠的感觉，看久了还会头晕。于是，我回家把这个现象告诉妈妈，妈妈怒目圆睁："让你小时候不听劝，导致近视了吧？"我惶恐不安地看着妈妈，嘴里就好像含了一颗冰糖葫芦，半天没说出话来。妈妈没有多说什么，但立刻带我到医院检查眼睛，让我说出医生指的方向，越往下我越看不清，那一刻我才意识到，我的视力真的下降了很多，做完一系列检查后，我戴上了眼镜。

戴上眼镜我才深觉保护视力的重要性。小的时候，还觉得那些叔叔阿姨们戴着眼镜，非常美观、斯文、彬彬有礼书生气。自从戴了眼镜，我才知道原来这是一种麻烦，夏天出汗眼镜会往下滑，冬天进入室内会起水雾；如果对金属过敏，戴金属框的眼镜会导致过敏；长时间佩戴眼镜会在鼻梁上留下深深的"烙印"，并且眼睛会内陷更加影响美观……

希望大家以我为戒，保护眼睛，保护视力。在此，我给大家提几点建议：一、少玩电子产品；二、注意看书姿势；三、看书半小时就要注意休息，向远处眺望；四、多做户外运动；五、多吃蔬菜水果，保证维生素摄入充足；六、定期去医院检查视力。

眼睛是心灵的窗户，它可以给我们指引前进的方向，如果没有它，我们的世界将是一片漆黑，再也看不到五彩缤纷的画面，所以从现在开始，我们一定要爱护眼睛，永葆"睛"彩！

指导教师：牛文婧

初 见 落 泪

王晨琪　石家庄西苑小学五年级 4 班

次日傍晚时分，产房外焦急等待中，所有人都在为之着急，心神不安地踱来踱去。

我到后面写了一会儿作业，实在坐立不安，便不写了。见还不出来，我也有些焦急担心了。我的脸稍微有些变化，眉头紧锁，面部收紧，脸上没有一丝笑意，反而有些严肃。

忽然门开了，只见一张床被从里向外推了出来。我放松了一些，走上前去看望妈妈和妹妹。妈妈看上去并没有那么痛苦，反而有些轻松地笑着。

母亲被推入了病房，我也紧随其后跟了过去。此时，我的内心有一些难受，我很心疼妈妈，突然有一股热流缓入鼻尖，我落泪了。母亲看了，也落泪了。气氛僵持了一会儿，我说道："本应欢喜的，咱俩怎么反倒落泪了？"说着，我为妈妈拭去了脸上的泪。

我和妈妈说了一些心里话，便去看妹妹。刚出生的小妹妹脸蛋红彤彤的，自己还在那儿乱蹬，只不过有些脏罢了。因为刚出生，还不能洗澡，但大部分还是很干净的，她的手还很小，指甲却很长，整个身体白白的，面若中秋之月，有些像童话里的白雪公主。

也许是自己的妹妹，刚见第一眼，我便喜欢上了她。

指导教师：范思月

难忘的生日

赵凌浩　石家庄保利启新小学五年级 8 班

母亲，她无私，她伟大，她慈祥，母亲这个名字助力着我们成长。

一天，天气非常寒冷，北风呼呼地吹着。这天正是我的生日，我在家中焦急地等待着妈妈回家，心想："妈妈去哪了呢？她说她去拿生日蛋糕，可是都快要一个小时了，她还没有回家，她在干什么呢？"我在家中坐立难安……

临近七点半时，从门外传来了一阵敲门声，我三步并作两步飞奔到门前。当我打开门时，真是母亲。眼前的一切却让我惊呆了，她的脸被风吹得快要冻僵了，头发也非常凌乱，不但手里提着我的生日蛋糕，还提着一大袋子好吃的，袋子的重量把母亲的双手拉得直直的，我赶紧抢过来母亲手中的袋子拖到厨房，然后让母亲坐下，望着母亲那双手被勒得红一条、紫一条，我非常心疼，一下子扑到了母亲的怀中，紧紧地握住她的双手，这双手传递给了我无尽的温暖！

生日会开始，满桌子的丰盛佳肴，一家人的幸福溢于言表。我负责切蛋糕，我把最大的一块蛋糕送给了我的母亲，我也含泪吃下了蛋糕。蛋糕甜蜜的味道，让我至今难以忘怀。

母亲，她无所不能！

指导教师：刘　鹤

我 的 校 园

张佳卿　石家庄市维明路小学六年级 8 班

时间如白驹过隙，转瞬即逝。转眼间，我们都已经六年级了，马上，就要毕业了。

我爱校园，它像一座美丽的花园，绿草如茵，花团锦簇；它也许仅有几间房，几棵老树，一个小小的操场……但是不管怎样，在这校园里我们度过了许许多多欢乐的日子，艰苦的日子，伤心的日子。我也意识到在这个校园里的日子不多，便开始去告别，告别那片绿草如茵的操场，告别那群一起经历六年时光的伙伴，告别这个承载了多少美好岁月的校园，还有那棵不知埋藏了多少欢笑的老榕树。

当我尝试去告别这棵老榕树时，我却怎么也说不出口。

你像一个老人，留着那数也数不清的络腮胡，又不像一个老人，每天课间陪我们玩躲猫猫，让我们的课间变得充实而快乐。有时你又是我们调皮捣蛋孩子的避风港，躲在你粗壮的树干后，总能让我们躲过老师的一顿臭骂。

你陪着我哭，陪着我笑，陪着我玩耍，还会当一个倾听者，倾听我的心声，我的秘密。你那又粗又长的根，是我隐藏秘密的好地方，我把秘密倾诉给你，你把它们同你的根一起，埋在地下，藏在心里。童年的我，只愿把秘密讲给你听，班里大大小小的事情，全都刻进了你粗壮的树干里。

夏天，燥热的操场上唯有你能为我们提供一片凉爽，你那茂密的枝叶遮住了刺眼的阳光，撒下一片凉爽来。秋天，片片落叶随风飘荡，我总喜欢捡起来一片最好看的夹进本里，每个秋天都一样，我把它们粘在一张纸上，记录下每年秋天的你。

如今，该分别了，或许这是一个流行离开的世界，但是我们都不擅长告别……我之前一直幻想着有一天能离开这个校园，可真当告别时，我却说不出口，这一次，可能就是真正的分开吧。

指导教师：王　蕊

我爱我的语文书

牛晴瑶　石家庄市桥西实验小学六年级 5 班

"书中自有黄金屋"，在众多教科书中，最让我着迷的就是语文书了。

我喜欢上语文书，是在语文书改版的五年级。我最喜欢的一篇课文叫《月是故乡明》，作者是季羡林老先生。"每个人都有故乡。人人的故乡都有个月亮。人人都爱自己的故乡的月亮。"这是文章的开头。短短的几句话，没有华丽辞藻，没有浪漫语言，却一下子触动了我的心。

还有一篇叫作《虎门销烟》的课文，讲的是 1839 年 6 月，林则徐在广东虎门集中销毁鸦片的故事。在老师充满情感的朗读里，外国人的猖狂，中国人的懦弱，让所有同学气愤。我也是怒发冲冠。教室里全是议论声。直到林则徐的出场。他仿佛一束明亮而有力的微光，让我们都安静了下来。真的，在那个幼稚的年龄，在那个只懂得吵吵闹闹的年纪，林则徐让我们懂得了什么是家国情怀，什么是担当。我们为英国人的猖狂而愤怒，为清政府的无能而愤怒。真的，我由衷地感谢遇到这篇课文——让我们学会担当，学会责任。

除了课文，语文书中的古诗尤其吸引我。我们学刘禹锡的《浪淘沙》，那股豪迈与浪漫深深地吸引我。他说"如今直上银河去"，唤起我们对斑斓神秘的太空的幻想。课本里，《江南春》描绘了无限生机的春日江南；《石灰吟》告诉我们要做一个洁身自好、有高尚节操的人；《过零丁洋》告诉我们"人生自古谁无死，留取丹心照汗青"！知道吗？古诗里不仅有优美风景，不仅有平凡生活，更蕴含着家国情怀。知道吗？一首首精美的古诗仿佛天空中闪耀的星星，在语文课本里熠熠生辉。

语文书里，有各种韵味的景色，有温情脉脉的桂花雨，有热闹非凡的春节时的北京，有鼓励学生的红双圈。课本里，不仅有自然景色，更有感人的人文风光。

语文书里，藏着古往今来的仁人志士、壮士英雄，他们是虎门销烟的林则徐，是"铁肩担道义，妙手著文章"的李大钊，是以笔杆作枪的鲁迅。他们仿佛鲜艳的红星，永远在指引我们向前进。

语文书里，有太多太多的"风景"了。我说不清，道不尽——我爱我的语文书。

指导教师：耿晓彦

夕 阳

郭一诺　　邯郸武安市富强小学六年级 2 班

有人爱似火的骄阳，有人爱皎洁的明月，有人爱点点的繁星……而我却唯独被那变幻莫测的夕阳勾走了灵魂。

夕阳是一幅画，在四季里展开。

春天的夕阳，霞光灿烂。在夕阳灿烂的余晖下，世间万物都为它展开了新芽。迎春花从地下探出头来，染上了金色的绚烂；柳条姑娘在晚霞里随着风婆婆而翩翩起舞，舞出了专属于春天的烂漫；小鸟飞在夕阳渲染的天空中像一个个跳动的音符……夕阳与万物交相辉映，全世界都成了金色。

夏天的夕阳，一定是最热闹的。傍晚，太阳收敛起刺眼的光芒，射出姹紫嫣红的霞光。老人、小孩不约而同地出来纳凉，老人一手摇着摇扇，一手抚摸着促膝的小孩，讲述着属于夏天的故事，感受着丝丝清凉。在夕阳的余晖下，一切都是那么地美好。

秋天的夕阳，少了夏日里的耀眼，却增加了几分清爽。透过云层，夕阳散落在波光粼粼的水面上，湖面如同一面散发光芒的镜子；夕阳散落在树叶上，叶子如同穿上了一层薄薄金纱；夕阳撒在大地上，地面如同铺上了一尘红毯。在硕果累累的季节里，看着夕阳西下，别有一番景致。

冬天的夕阳，短暂易逝。苍苍白雾起，夕阳与远处的高山融为一体，带有一丝丝的朦胧。尽管它的光芒不再强烈，但依旧可以将天边的云彩染成红色，抬眼望去那微弱的红光，令人心驰神往。

四季夕阳美如画。

叶剑英爷爷曾说过"老夫喜作黄昏颂，满目青山夕照明"。夕阳不是结束，而是在散发所有的光芒后，重新寻找新生命的源头，为夜带来明天的希望。生命的本意无非就是追寻光，带着希望追寻希望。

指导教师：王　茹

我是一棵大树

李子钦　邯郸市武安市富强小学六年级 7 班

我是一棵挺拔的参天大树，静静地立在喧闹的城市里，动弹不得。看着川流不息的道路和忙碌的人们，听着呼呼的风声，十分无趣。

春天，万物复苏，我长出了新的枝叶，花儿在草丛中朝我微笑，有时她还会随风摇曳，表演着优美的舞蹈。小鸟也在我身上安了家，它为我歌唱，绕着我新生的枝叶唱起春天的颂歌。路过的行人会从衣兜里掏出手机拍下我的新叶，高唱着"一年之计在于春"。

夏天，太阳就像个大火球一样炙烤着大地，人们纷纷抱怨着这几乎让人中暑的温度。这时，人们就会躲在我的树荫下来躲避那火辣的太阳。有时人们在树荫下下象棋，又或是在树荫下喝茶，还有时人们在树荫下说些家常。我这平凡的夏天因为这些可爱的人们又增添了几分乐趣。

秋天，我的叶子逐渐变黄，一片一片地飘落下来。我旁边的小花小草也开始枯萎了，小鸟们都因为要过冬而飞去了南方，我陷入孤独之中。人们又在讨论要不要换个常青树，因为我掉下的叶子为城市的清洁带来了些麻烦。我有些伤心，明明夏天时人们总夸我的叶子茂密又繁盛。秋天，对人类来说是个丰收的季节，而对我来说，秋天却是个枯萎又孤独的季节。

冬天，大地披上了一层厚厚的白衣，到处都是白茫茫的，银装素裹。路上几乎不见行人，道路上的车子也寥寥无几。我光秃秃地伫立在雪白天地间，突然有些想念春天的朋友们。我明白，只要过了这段寒冬，一切就会恢复原样，回到那个生机勃勃的春天。

我闭上眼睛，陷入了沉睡，许愿来年春天我满枝翠芽，许愿我有很多朋友相伴。

指导教师：王丽敏

开学第一天

张梦瑶　邯郸武安市富强小学六年级 2 班

迎着清晨的一缕阳光，吸吮着早晨的一滴甘露，拉开了新一天的序幕，迎来了开学的第一天。风儿轻抚着我的脸庞，鸟儿的鸣啭动听极了，花儿也在风中摇曳、起舞。我的心也跟着飞进了校园。

踏进校门，我的脸上洋溢着喜悦，同学们带着羞涩的笑容相互问好，和蔼可亲的老师也对我连声问候。校园里，柳树抽出了嫩芽，在风姑娘的吹拂下，柳絮似棉花般满天飞舞，不禁让我联想诗句"恰似柳絮因风起"。

走到了班级门口，我不禁欣喜若狂，真想一个箭步冲进教室。教室里热闹极了，同学们都有说有笑，一个滔滔不绝地讲，另一个津津有味地听，那陶醉的神情，不亦乐乎，更有甚者，激动地相拥。上课铃声响起，教室里刹那间安静了起来，只见可亲的老师面带微笑走上了讲台，讲起了新学期的任务：新学期、新气象，我们凡事都要做好第一步。听到这里，我不由得挺直了身子，望着窗外昔日的教学楼，我渐渐陷入了沉思，目光中充满了对新学期、新目标的期望。新学期，我们该如何去做呢？

凡事都要做好第一步，系好第一粒扣子，穿好第一件衣服，做好凡事的开头，学习亦是如此。天才是由百分之一的灵感与百分之九十九的汗水组成的。打起精神，持之以恒才是迈过第一个坎的关键，高楼大厦是工人们没日没夜努力的结果，绮丽的花丛是一颗颗种子忍受黑暗，饱经风霜，最终冲破泥沙，破土而出的美丽。当我们经历过失败后，才能离成功更近，就如同雨过天晴后的彩虹。"书山有路勤为径，学海无涯苦作舟。"成功的背后，是无尽的汗水与付出。

迎着一抹傍晚的斜阳，落下了开学第一天的帷幕。我们都是一颗种子，会开出无比绚烂的花，迎接成功的光明。

指导教师：王茹

....

游 西 岭 湖

王一菲　邯郸市武安市富强小学五年级 2 班

一个阳光明媚的上午，湛蓝的天空中飘着朵朵白云，我和妈妈兴高采烈地来到西岭湖公园游玩。公园外的景色真让人陶醉啊！花坛里种着五彩缤纷的月季和蔷薇，在阳光的照耀下，它们竞相开放，炫耀着公园的美丽。

一进大门，映入眼帘的是一条条小船停在风平浪静的湖面上。湖水很绿，绿得像一块翡翠；湖水很清，清得像一面镜子，湖水很美，美得像一幅画卷。几只燕子十分淘气，时而飞到空中，时而落到湖面上戏水，它们打破了湖面的平静。不一会儿，又有几只蜻蜓也来凑热闹了。清澈的湖水里游着许许多多的鱼儿，有的在比赛游泳，有的在找同伴玩耍，有的在水里闷得慌，就蹦起来，此刻湖面上泛起一圈圈波纹，美丽极了！它们为湖面增添了一抹光华。

沿着湖边继续向前走，四周是高大的柳树，柳絮在风姑娘的吹拂下漫天飞舞。走着走着，就听见鸭子在水里嘎嘎叫。再向前走，高大的颐寿轩红绿相称，亭子两侧画着栩栩如生的山水画。比如：武当山全景、老爷山马桩、国色天香，等等。亭子的正中间挂着一盏盏宫灯，上面画着武安古代人物故事，比如荣归故里、广交文友、倾心散曲。亭子的两侧种着茂密的树木，偶尔还有喜鹊飞过。当你累了的时候，就可以坐在亭子里，一边欣赏风景，一边听鸟的鸣叫，一边闻着迷人的芳香，好不惬意啊！

从亭子里出来，我们走到了游乐区域，这里有可以唱歌的小飞机，有解压的蹦床，有锻炼能力的手划小船。最后我们来到了大喷泉边，它是椭圆形的，每当夜幕降临的时候，它就会随着音乐喷出水来，在灯光的照耀下分外迷人。

这就是美丽、让人沉醉的西岭湖！

指导教师：李丽晓

第九章
跟着宗璞学写作

刘晓云　河北师范大学附属小学

名家简介

～～～～～～

　　宗璞，中国当代作家，原名冯钟璞，祖籍河南省唐河县，1928 年7 月出生于北京，著名哲学家冯友兰的女儿。抗日战争全面爆发后，十岁的宗璞和全家随父亲冯友兰自北京南渡昆明，在西南联大度过八年时光。1946 年她考入天津南开大学外文系，后转入清华大学外文系，1951 年毕业。她先后在文艺报、世界文学杂志社从事编辑工作，后调到中国社会科学院外国文学研究所工作，直至 1988 年退休。

　　宗璞出身书香门第，学养深厚。母亲任载坤，毕业于当时女子最高学府北京女子师范学校。宗璞自幼在母亲的督促下，背诵很多古典诗词，小学时宗璞就养成了好习惯：每天早晨上学前，先到母亲床前背了刚刚学会的诗词才去上学。父亲冯友兰专攻中国古典哲学，对宗璞的文学和美学修养产生重大影响。童年有一段时间，全家逢到开饭，冯友兰就和孩子们一边有滋有味地品尝可口饭菜，一边有声有色地讲述时政文化和历史哲学，这段时光被宗璞称作是"餐桌教育"。姑母冯沅君是五四时期著名女作家，对宗璞成长的影响也不容忽视，她的文心和浪漫情思，在宗璞那里得到延续。宗璞在这样的家庭成长，具有得天独厚的学养根基，血脉中流淌着中国传统文化的精髓。

宗璞一生跟随父母生活在大学校园，有着深深的校园情结。宗璞爱清华，因为她生于清华，长于清华，学于清华，水木清华文化气韵深深渗入宗璞的灵魂之中。宗璞爱北大，因为解放后高校院系调整，父亲冯友兰任教北大哲学系，于是举家搬到北大燕南园。这块文化底蕴厚实的土地上生活着一批学术泰斗：经济学家马寅初、美学家朱光潜、历史学家翦伯赞、语言学家王力等。宗璞与他们朝夕相处，在和谐淳厚文雅的学术氛围中得到熏陶，这大概就是为什么宗璞的作品中总有一种别人学不来的大家之气。

宗璞长期从事英国文学的研究工作，一方面是中国传统文化的深厚渊源，另一方面是西方文学的研究影响，构成了宗璞作品东方传统哲学文化与西方人文精神汇合而成的精神内涵以及高雅品位。正如她在一篇文章中所说："一个沐浴在西方艺术之中，而又曾为中国文化所'化'过的人更是有福的。"她是有福的，因为在同时代人中，她是一位在深刻文化背景中成长起来的作家。她钟情文学，写诗，写小说，写散文。尤其是散文，从游记、抒情写景、人物叙事到域外访问、文化随笔，涉及广泛，造诣颇深。正如陈素琰在《宗璞散文选集》的序言中提到的："可说是今日要知宗璞，就不可不知宗璞的散文。"

宗璞散文创作起步于少女时代，十六岁的宗璞，第一篇作品即关于滇池的散文发表于昆明的一本刊物上。20世纪60年代初以《西湖漫笔》而名扬散文界，80年代初开始大量发表散文。宗璞的散文常常从一人一景一事一物落笔，善于从自我对外界的体察出发，视野开阔，思绪辽远，意境空灵。细读宗璞的散文，不仅能体悟到文人的雅致，还能感受到字里行间蕴含的人生态度、哲学意蕴、生命意识。

"美文不在辞藻，如美人不在衣饰，而在天真烂漫舒卷自然之中，匠心存矣。"这是宗璞追求的美学观念，文如其人，人如其名，"天性醇厚，心如璞玉"。她挚爱生活，用多愁善感的心，体味身边琐事、平凡景物，感悟出充盈其间的生命力量。尽管她命运多舛，却始终豁达乐观地直面人生的苦与痛。从 1996 年起，她因眼疾渐重，做了几次手术，虽未失明，但已不能阅读书报。亲友劝她搁笔，宗璞不甘心，在艰难地与疾病斗争的同时，以口授的方式坚持进行创作。她觉得写下去是自己的责任，创作的快乐荡涤于内心。其诉诸笔端的文字，总是那么沉静、安然，总是流淌着一种温暖的、明朗的情感，一种对万物的深沉的爱意，恬淡中不乏大气磅礴之势。

宗璞的散文把真情、美言与洞见，水乳交融，浑然一体，自然天成。既有中国古典散文平淡幽静的神韵，又具有西方散文细腻浓烈的精妙。女作家张抗抗在《为谁风露立中宵：宗璞小记》中写道："那般温静自然，朴实无华的风度，总与一个书里的她切切重合，时时散发着端庄淡泊的幽兰之气。""她从不为身边的那种名利之争所动所累，她几十年静静的安于燕园，远远离开名利场的喧嚣，翱翔于她心底自由的天地。"她的创作一如她的为人，真诚、典雅、淡泊、宁静。她的散文语言追求自然、简约，如诗般优美，有诗般韵味。作家孙犁说："宗璞的文字，明朗而含蓄，流畅而有余韵，于细腻之中注意调节。每一句的组织，无文法的疏略，每一段的组织，无浪费或蔓枝。可以说字字锤炼，句句经营。"

宗璞说："我很注意作品的'余味'。"她力求"言有尽而意无穷"，"创造一种意境"，在善念和柔情中让人联想与回味，给予人蓬勃向上的力量。

2012 年 9 月，宗璞离开居住六十年的北大燕南园，迁往北京郊区。2019 年底，燕南园被正式定名为"冯友兰故居"，以纪念一段历史。

2019 年 5 月 28 日，91 岁高龄的宗璞回到她日思夜想的故乡，拜谒省亲，参观了冯友兰纪念馆，并回祁仪镇老家祭祖。她说："一进入河南境内，看到大片大片金灿灿的麦田，故乡的气息便涌入心胸，几千年来土地养育了我们，所以我们对故土有深深的情怀，我们在故土的孕育中不断发展创新，使我们的民族更加强大。"

名家作品赏析

〜〜〜〜〜〜〜〜〜

　　读宗璞的散文总有一种"放不下"的感觉，这是因为作家把对生命的热爱与执着寓于简单质朴的景与物、人与事中，意蕴深厚，内涵丰富。她的散文氤氲着一种浓情，流淌着一种淡雅，洋溢着一种真诚，内敛而充满张力。

　　《紫藤萝瀑布》写于1982年5月，当时宗璞的小弟钟越身患绝症，她心情悲痛，徘徊于庭院中，见到一树盛开的紫藤萝花，她由花的自衰而盛，联想到生的美好和生命的永恒。全文由赏花、忆花、悟花三部分构成，运用比喻、拟人等手法从一树花到一穗花，描绘得栩栩如生。写色写形，重在外象；写香则重在内蕴，为画面增添立体感和深厚感。尤其是运用两个比喻：瀑布和船舱，形象而新鲜，将紫藤萝花写活了，给人以甜美感。这是作家心灵的反映。文章写花实写人，花意人情两相融。作家面对瀑流般的紫藤萝花，将自然生命律动与人世的沧桑变幻融为一体，体悟人在生命的长河中应该成为一只只张满风帆的船舱。全文就是一道思绪的瀑流，涌动着振奋的激情，闪烁着希冀的浪花。《西湖的绿》节选自宗璞1961年发表的《西湖漫笔》一文，这是她的散文成名作。《西湖的绿》以游览六月烟雨西湖的经过为线索，依次写了灵隐寺的绿，苏堤的绿，花港新荷的绿。宗璞体验、捕捉到西湖的神韵就是那无处不弥漫着的、醉人的绿意。文章描写了三种绿：树绿、苔绿、荷绿，每种绿都有自己的特点，作者的感受也是不一样的。雨中灵隐的绿是多层次的，"有的绿的发黑，深极了，浓极了；有的绿的发蓝，浅极了，亮极了"，连"飘着的雨丝儿也都是绿的"。苏堤的绿"似乎是从树梢一直绿到了地下"，给人的印象是坚忍不拔，花港新荷"圆圆的绿叶，或亭亭立于水上，或婉转靠在水面，只觉得一种蓬勃的生机，跳跃满池"给人感觉富有生命力。作家注意抓住各处不同特征，不惜工笔细写。"绿"象征着蓬勃的青春，旺盛的生命，由"绿"我们可以窥见作家对新生活的热爱。《二十四番花信》写于 2002 年，作家以一位爱花者身份诉说与花的故事，为花正名，为花辩护。先采用科学证据展示迎春花与连翘的区别，紧接着为自己把朱砂碧桃误认为榆叶梅而不安；后来为海棠辩护"若是无香要扣分，花的美貌也可以平均过来。再想想，世事怎能都那么圆满"。老年的宗璞从花那儿得出最自然与最深刻的人生启示："有上场，有退场，人，也是一样。"没有对逝去的痛惜，没有对退出人生舞台的无奈，从容豁达面对生命，构成了这般烂漫的草木人生。

　　《回忆父亲冯友兰》《回忆母亲》和《哥哥往事》是一组怀念父母家人，表达对亲人挚爱的散文。文中处处真情流露，感人至深。家庭是人生第一个驿站，父母亲情是人间最圣洁、最浓郁的情感。宗璞把这些情感诉诸笔端时，内心浓烈的情感始终在理性的节制下显得含蓄又深沉。《回忆父亲冯友兰》节选自宗璞 1991 年发表的《三松堂断忆》一文。

文中回忆父亲日常的几件小事，虽是小事，但见微知著，字里行间不仅充盈着对父亲的浓浓思念，更是表达了对父亲坚韧、顽强、节俭、无私等高贵品质的赞美。《回忆母亲》节选自宗璞1993年发表的《花朝节的纪念》一文。作家通过描绘四个场景，表现母亲用心血哺育子女，爱护家庭，帮助他人，给予身边所有人温暖与力量。在作家眼中，母亲是春天，是阳光，是守护神，突出了母亲在家里的重要地位和影响，母亲是全家人的依赖，母亲在就有方向，就有力量，表达了对母亲的赞颂与感激，流露出对母亲深深的怀念之情。《哥哥往事》节选自宗璞2012年发表的《铁箫声幽》一文。作家通过对少年时期往事的追忆，融情于事，表现了兄妹情深。

《乐书》《恨书》和《从"粥疗"说起》是宗璞写的生活性散文。宗璞把日常生活小事写得有滋有味，意趣浓郁，既富于启迪性，又颇有艺术性。《乐书》写于1999年，文中"读书有分—合—分的过程"既是科学的读书方法，更是获得读书乐趣的重要途径。选文围绕从书中获取读书之乐，及对书的情感变化，由"书"而生发出的喜怒哀乐，表达了作者对书的痴迷和执着。《恨书》写于1985年，全文描写"恨""可宝可爱"的书的原因：因为老父至少积了七十年的书，家中藏书极多，侵犯了家人的居住权，加之老式书柜陈旧，造成"三难"：难收拾、难整理、难寻找。作家将深沉、复杂而优游的心态，展示得极其细腻，表达了对书"情之深爱之切"的感情。《从"粥疗"说起》写于1992年，选文对原文进行了删减。文章通过日常吃粥的生活小事，把丰富的知识和深远的人生感悟联系起来，从吃粥说到"粥理"，"食粥的根本道理在于自甘淡泊""淡泊才能养生，身体上精神上都一样"。

我们还可以再读读浙江文艺出版社 2015 年出版的《宗璞散文》，让自己浸润在宗璞纯朴典雅的散文中。这样由阅读宗璞散文，走近作家，爱上宗璞，成为其一辈子的追随者。

写作攻略

跟着宗璞学写作，我们可以这样做。

一、**发现宗璞散文选材的特点**。宗璞散文从生活细微出发，对日常生活诗意书写，是作家对生命独到的思索和领悟，充满哲理，我们也要留心自己的生活，引发其美好的生命思考。

二、**写景文章要有真感情，多角度描写**。我们读完宗璞的写景文章，还要到生活中去，要留心观察，多视角观察，真心去感受自然的美好，找到自己独特的体验，然后写进自己文章去。

三、**用宗璞的方法写自己的故事**。通过阅读宗璞散文，我们和作者之间有了心灵的契合点，我们可以从这些文章中选取自己有生命同感的文章作为范文，再次体悟文章的章法与构思，并尝试从自己生活的细微处、平凡事物中发掘出哲思意蕴，结合要模仿的宗璞范文的方法，写自己的故事。

优秀作品展示

∼∼∼∼∼∼∼∼

忆秋季吃蟹

贺嘉玥　石家庄市东风西路小学四年级 7 班

秋天是那样美丽的季节。这是一个吃蟹的季节，吃蟹也极为讲究。

我的父亲在秋季是基本不出差的。这也闲下了大把的时间用来品味蟹的鲜美。他每天一有时间，必然喝一瓶加多宝，配着那些新奇的《大明王朝疑案》，这样的搭配，对他来说是再美不过的事儿了。

秋季也让我们大开口福，几乎每天的晚餐都有一到三只鲜蟹上到餐桌。我们剩下的蟹，自然成了父亲的宵夜。有时，我在旁边看，他会给我一条蟹脚，一块蟹钳肉，或是一勺刚挖出来的鲜美蟹黄。我喜欢蟹黄，我和姐姐都爱吃，只有妈妈相反，同我一开始一样，爱吃肉，但又不会剥蟹，所以现在都是我剥她吃。

爸爸常常对我剥蟹指指点点，说什么："你的肉都没剥干净！蟹腮还没去呢，不能吃！""蟹心一定要挖出来的，你吃了嗝屁了！"对，没错，他也爱用网络语言。有时非常搞笑。每天夜宵必备的是一听加多宝，一台电视上要放的大明疑案，一只蟹，一瓶蟹醋。吃蟹背景有讲究，一定要是在月光下，有一层薄雾的时候，时间也要选择在夜里十一二点。

我和姐姐一开始也是学父亲，剥出来每一条肉丝都要一丝不苟。当大节日的时候，碗都被客人占了，我经常用纸杯来拌，拌完以后还不能吃，一定要拌米饭，这样饭的鲜甜中还可以吃到蟹肉。

但现在不可以了，幸福往往是短暂的，只能等到下一年的秋天了。这使我记住了蟹香，却又让我感到无比遗憾，为什么当初不多吃点呢？

指导教师：高　飞

瓜 子

吕睿哲 石家庄市滨湖小学四年级2班

小时候，不知道瓜子，因为爸妈不让吃，现在我知道了，瓜子简直是世上最好吃的东西。

什么东西都有个幸与不幸，我也不知为什么花生和栗子都那么受欢迎，你说这瓜子难道不比那花生和栗子香得多吗？说说那花生，要样子没样子，要味道没味道，剥开一看，那红果实一副害羞的样子，哪让人有食欲？那栗子一个硬壳，好不容易剥开了，香是香，但要脆不脆，要软不软，就像一口泥巴。而瓜子有黑有黄，色多，也好剥，这也只是外观，剥开了：黄色的仁，有大有小，还有双黄仁儿呢！咬一个，那个香，那个脆，可以当一个香味儿的糖，也可以剥一大把，一下子都吃掉，真叫一个香咧。

瓜子种类也不少：大的，小的，干炒的，鸡汁的，五香的，海盐的，各有各的风味儿，都好吃。炒个干炒的也好，买个鸡汁的也好，订个海盐也罢，怎么都好吃呢！

冬天在路上吃一些瓜子，哪怕有多大的风雪，也不会影响食欲。夏天的晚上，哪怕热到40度，也会想拿一把瓜子放入口中，可是解闷呢！

论样子花生好，论味道栗子好，但凭综合实力还是瓜子独霸一方，瓜子在哪里都好吃，这不容易。

指导教师：林颖卓

小小一张纸

雏佳辉　石家庄市北焦小学四年级 3 班

对于纸张，我从小就不陌生，因为妈妈开了一家打字复印店，每天就是和复印纸、彩色纸打交道。

渐渐长大一些，我总问妈妈纸是怎么来的，又做什么用途等一系列问题。再后来，我上了小学，在课文里不仅学了蔡伦造纸，而且从网上也看到造纸工艺的视频，才明白原来小小一张纸，要经过二十来道工序才能来到我们身边，想想和《千人糕》里一块平平常常的糕，经过很多很多人的劳动，才能摆在我们面前一样不容易！

妈妈用纸很是节约的：比如一张 A4 纸，打了正面，还要打反面，倘若有印浅的、印歪的、印错的纸，妈妈从来不舍得当成废纸扔到纸篓里，她会一张张收集起来，装在一个档案袋里，用这些纸的反面用于我平常作业的打印、古诗词的打印、记账流水单打印等。即便是双面都打印了文字，妈妈还是不舍得扔掉，她会再用壁纸刀将纸裁开一分为二，半张 A4 纸，通过对折、抹胶、粘合成一个信封状小口袋，用来给顾客装一寸或二寸照片，真是一纸多用呀。

起初看妈妈这样做，我很不理解，甚至觉得她用纸很"吝啬"，渐渐地受到妈妈的影响，我也不敢轻易丢掉一张作业纸，也会学着妈妈的样子，正面写满写反面，把纸利用到极限才扔掉。

妈妈说过，节约是美德，节约是责任，希望我们从小就养成勤俭节约的好习惯！哪怕是节约身边的每一张纸，也会让我们的树更绿，让我们的天更蓝，让我们生活的地球更美丽！

指导教师：王桂霞

三季长青，冬却艳红

赵卓妍　石家庄市滨湖小学四年级2班

清风微拂，留下一阵凉。

初夏，浓浓凉未过。春夏秋的颜色在这棵杏树上是一样的：天青般的慷。阳光洒在叶上，照的全是金纱，青绿混在一起，暖暖地融在一起。风很凉，可杏叶沙沙摇曳着，暖暖地摇曳着，让人想钻进去取暖，又不敢去，怕伤了树枝。

可迎初冬时，杏树就像变魔术似的披上一身霓虹的外衣。我只知道约是初冬11月换的，却从来没有见过它是如何换的这霓虹外袍。

这可跟秋天普通叶子变黄不一样，它的袍子是绚烂的，是霓虹的。紫、红融在一起，掺上冬日的阳光……天是冷的，可金、紫、红的绚烂，却如春一样温暖。

它是神秘的，奇幻的，是温暖的，四季保持。大自然的圣手——奇幻的杏树。

指导教师：林颖卓

螳 螂

吴东阳　浙江宁波市鄞州蓝青小学 403 班

晚上，我正在书房写作业，忽然发现一只螳螂趴在窗户上，我赶紧让妈妈去把它抓进来。

螳螂是一种食肉昆虫，这在昆虫里是极少见的，让我想起了"螳螂捕蝉，黄雀在后"这个成语。螳螂是多么厉害啊！它竟然能吃比自己大几倍的昆虫，完全是靠它的镰刀创造的奇迹，大自然是多么神奇的造物主啊！

被捉住的这只是一只公螳螂，全身都是棕色的，还有一对大镰刀，可威风了。我试着把它牵起来，但是它举着大镰刀就向我砍来，幸好我及时躲闪，不然我的大拇指就有被击伤的可能。

为了避免被螳螂再次攻击，我趁机把它放在一个大纸箱里，它奋力地向大纸箱砍去，把纸箱划出了好多条印子。

为了不饿着螳螂，我到楼下的草丛中给它找虫子吃，还天天带它出去遛遛弯。可是，捉来的虫子它并没吃多少，只是一个劲地在纸箱里转圈圈，还不时地划纸箱子，完全没有刚被抓来时那种"凶悍"，肥嘟嘟的身子瘦得像一道"闪电"，这让我非常着急。

这时，我突然想起了金奎叔的话：有些小东西，他们生来就是自由自在的，你要把它们养在家里，他们宁愿死。于是我做了一个决定，把它放回到该属于它的家。看着它远去的身影，我笑了，我想，螳螂应该也笑了。

指导教师：刘发建

树桥公园

万静雯　河北师范大学附属小学四年级 5 班

暑假里我们一共去了两次树桥公园，因为那里实在太美了，我推荐大家去游玩。

那里的环境美不胜收。群山环绕，远远望去，大山真是五颜六色！树木一道黄，一道绿。技艺高超的画家——夕阳将一抹抹红像胭脂般涂在山上，那颜色好看极了。它们给大山穿上了带水纹的花衣，风姑娘轻盈地飞过，牵动那花衣的角，使你想看到更多大山的肌肤。有些山离得较远，蒙着天空灰蓝色的面纱，朦朦胧胧地站在两山之间，宛如一位新娘。树桥公园，就躺在这大山美丽的怀抱中。

你看看天空！白天，淡蓝的天空中浮着朵朵白云，有的像一排排欢唱着的白色碎浪，有的像朵朵棉花一样柔软，有的像小爱神丘比特，还有的像小绵羊——草地绿油油的，它是想下来吃草吗？

晚上的天空更美，请你晚上 9 点来吧。往沙滩那走，站在码头上仰望星群密布的藏蓝色的天空，北斗七星最显眼了，勺柄上的最后一颗星最亮，正数第 4 颗却半明半昧的。不一会儿月亮出来了，水面立刻波光闪闪，美极了。月亮上还有图画呢，有点像美丽的嫦娥姐姐，还有点像一只戴墨镜的兔子呢。

树桥公园还有许多好玩的，有一条长长的树桥贯穿整个公园，美景一览无余，如果你轻轻地跳动，还会有些刺激哦。如果你胆小，那就好好走吧，一样很好玩的。那还有草地滚筒，你可以像小仓鼠一样在里面爬，消耗你多余的体力！你还可以玩橡皮艇，它慢慢地漂着，带你欣赏沿途的风景……

五岳寨的树桥公园乐趣多多，你喜欢那儿吗？如果你喜欢就快点来吧！

指导教师：郑晓婷

我不由得停住了脚步

刘子睦　石家庄市四十一中初一 35 班

"纸上得来终觉浅，绝知此事要躬行。"

我是抱着怀疑的态度和妈妈来到颐和园的，因为来过的同学都说不出颐和园的景色哪里好，就是一片水和房子。可是刚到门口，我就被震撼了。我感受到了历史的奢华与厚重。

"青山环绿水，翠柳映朱门。"此处青山绿水与翠柳红墙相映，给人以美的享受。蓝天白云，风轻云淡，格外清爽，朱门红墙与门前的石狮相得益彰。不同于故宫的厚重奢华，颐和园带着南方的温柔雅致，夹杂些京都特有的气派，更有着岁月下的古朴。

跨过大门，视线猛然空阔起来，一条长长的石板台阶直通佛香阁，上面的地砖在岁月的侵蚀下变得粗糙斑驳，很多都带着细细的裂纹，就像是时光留下的印记。阳光透过树的枝叶，在地上篆刻出大大小小的光斑，我竟有些穿越历史的恍惚感，周围游人的喧哗仿佛一瞬间不存在了，一百多年前，地砖还是崭新的，琉璃瓦在阳光下闪着光，宫墙红得热闹而鲜艳，那时的宫人在这条路上慢行，无疑是鲜活生动的。或许也曾经有过那样一个人，与我一样慢慢走向佛香阁，并在宫墙下驻足感叹，也许是慈禧太后，或许是光绪皇帝，或许是宫里的嫔妃，亦可能只是这偌大的宫中一个微不足道的人。他们曾与我踏过同一条路，在这个皇宫里从鲜衣怒马到鬓发斑白。这里是他们在百年前真正生活过的地方，却真实得仿佛可以触摸。

苏州街上，一百年前的叫卖声依然劈空入耳，见证着清朝灭亡前仅剩的繁华。智慧海里的佛像依然坐得安稳，带着慈悲和怜悯看过了大清帝国的兴衰荣辱，走过长廊，亭子内侧还画着彩画，恍惚间慈禧太后，不对，是那时年华正好的叶赫那拉氏漫步长廊的身影浮现眼前，清晏舫依稀还是百年前的样子，流水无声滑过，冷眼看世事变迁、人来人往。

走出颐和园，回望这一片金碧辉煌，会心一笑，世界上从不缺少美啊，只要你肯停住脚步。

指导教师：曹翠敏

长 的 痛 苦

李瑞泽　邯郸武安市兰村学校四年级 1 班

我是一个马上要上五年级的小学生。而我的眼镜，却成了我生活中最大的烦恼。这还得从我二年级说起。

上了二年级，我就开始沉迷于手机和电脑。我每天回家后除了写作业，就是玩手机、玩电脑，我写作业的姿势也很不端正，从而导致我的眼睛看东西越来越模糊，看黑板上的字也看不清。那时我还不知道我近视了。我的老师发现我看黑板上字的时候，总是要眯着眼睛。于是老师问我："你是不是近视了，看黑板的时候，总是把眼睛眯的很小，你最好让你父母带你去检查一下。"我不敢向我父母说。直到我要上三年级了，我的老师向我父母说明了一切。我发现已经晚了，我想纠正视力也不行了。当我去配眼镜的时候，天哪！200 多度！我拿着眼镜站在那里发呆，我哥哥上初中才配上眼镜，才 100 多度，而我刚上三年级却是 200 多度。于是，眼镜成了我必不可少的东西。上课、下课、写作业时，我都要架着一副眼镜，而且我每天还要认真地呵护它。

随着年龄的增长，我眼睛近视的度数还有可能增长。眼镜就成了我生活中的烦恼，除了睡觉和洗漱时间，其他时间我都要佩戴它。希望大家不要像我这样沉迷于电子产品。你们读书、写字姿势要端正，眼睛和书本的距离要保持一尺长，不能长时间玩手机、看电脑，要多吃蔬菜和水果，按时做眼保健操。

大家都行动起来，保护眼睛，不要让它成为你的烦恼。

指导教师：裴　璇

曲阜朝圣之旅

高可璇　石家庄市联盟路小学五年级

半部论语治天下，在这个暑假里，书院的老师带我们学习《论语》。《论语》是记录孔子极其弟子言行的一部儒家学派的经典著作。诵读过程中，我对孔子有了浓厚的兴趣，于是我加入到了山东曲阜游学的队伍中。

我们顶着炎炎烈日来到城门前，观看开城礼。高高的城墙下有很多士兵穿着厚厚的盔甲，戴着大大的头盔，在太阳下辛苦表演六艺：礼、乐、射、御、书、数。有机会感受这么隆重的仪式，我真的太幸运了！

听导游讲解，这里有一个故事。有人对子贡说："你的学问比孔子的还要大。"子贡说："学问好比是墙，我的墙只有肩这么高，而孔子的学问却像城墙这么高！"

接着，我们去挑战"背论语，游三孔"的活动。

来到论语背诵厅，我紧张得手心直冒汗，但当我面对和蔼的考官叔叔时，我放轻松了，并在十分钟内流利地背出了三十条论语。走出考官室的那一瞬间，我开心极了，马上跑向老师，在老师面前撒欢！我太高兴了！因为我省下了买门票的钱。

三孔，分别是孔府、孔庙和孔林。我们先去了孔府，孔府是孔子居住生活的地方。那儿有一座大大的房子，地震也不会倒塌，这是中国古老智慧的结晶——榫卯结构搭建的。听导游介绍说，这座房子是皇帝赐给孔子的。旁边还有一些石碑，是被一种龙头龟背，鹰爪蛇尾的动物驮着的。

接下来是孔庙，孔庙是孔子给学生们讲课的地方，他们的课开在大杏树下，他们没有钟，就用香来计时。

孔林是埋葬孔子及后代的地方，子贡在这里为孔子守孝六年，尊师重道。孔林还有一个奇观——五柏抱槐。行走在孔林的大道上，回想起学过的论语篇章，感觉自己对论语有了新的认识。

这次旅行让我开阔了眼界，了解了孔子以及弟子的故事，并对论语有了更深的兴趣。

指导教师：赵　珊

紫禁城中的自由

刘芮含　石家庄市联盟路小学五年级

　　我踱步来到紫禁城中，那一棵棵高大的树木仍然谦卑地向着皇帝的宫殿。几百年了，它自始至终都没有忘记先皇坐在宝座上神采奕奕的样子，一阵小风吹散了我的思想，我随风来到金水河边，阳光照在微动的水波上，是那么古老而平静，水底下的神兽默默地守护着那条河。

　　我又从繁杂的想象中脱身，忽而发现自己已然来到了一座石桥边，我漫步在那石桥边上，一切是那么松散而又舒服，又有几片花瓣随着微风拂面而来，它带来的阵阵花香，像一阵空灵的歌声在我耳边回荡。

　　我游到一棵大树旁，一股泥土的芳香环绕在我的鼻尖，那棵大树像一个巨人屹立在我的身边，它那茂盛的树冠像个帽子似的顶在我的头上，它有着一股茂盛的生命力。一切都是那么自由，连空气中都弥漫着自由的灵气，天是那么蓝，那么高，那么空灵，好似我永远都触不到看不到了。

　　这紫禁城是那么古老，那么令我渴望，紫禁城可谓是座自由之城。

指导教师：柴　迎

姥爷"学"卖菜

张轶涵　石家庄市五里庄小学六年级 2 班

姥爷是一个地地道道的农民，而且是一个有点固执又守旧的农民。他种了一辈子的菜，卖了一辈子的菜，自从有了微信、支付宝后，姥爷那青翠欲滴的蔬菜就卖不出去了，因为大家都要用微信或者支付宝付款，姥爷没有。菜越来越不好卖。

一开始姥爷并不当回事儿。可是一天、三天……半个月过去了……

姥爷纳闷地跟我们说："这些人买菜不带钱，用什么、什么信支付，我没有那个什么信，他就不买我的了。"我和妈妈、妹妹哈哈哈大笑起来，妈妈解释说："那叫微信！现在大家都不带钱，都用手机捆绑银行卡，买东西用微信支付就可以。爸，给你也换个智能手机吧！"姥爷忙着摆摆手说："别给我换，别给我换，我可弄不了那玩意儿。"

姥爷固执地不让妈妈买手机，可是这地里的菜一天天地变老，变黄，就是卖不出去。姥爷也着急了，开始暗地里学习。

妈妈看出他的心思，当着姥爷的面故意跟我和妹妹大声讨论支付宝微信的使用步骤，就这样，姥爷终于用上了智能手机并开通了微信和支付宝。这下，姥爷那绿油油的菠菜、水灵灵的萝卜都找到了买家。姥爷乐得合不拢嘴。

有一次，收付款音箱不响了，买菜的小伙子说："大爷，您别着急，我让您看看我的手机，这里表示已经给您付款了，回去让您孩子再给您买个音箱就行！"姥爷憨憨地一笑，谢过了对方。回来还高兴地跟我们说："你们帮我弄了个高科技，这菜啊不愁卖不出去！过去有人用假钱买东西，现在用手机支付，再也不会上当了！还是新时代好，啥都方便哩！"

看，姥爷这个固执又守旧的老农民，真是变成了时髦的卖菜老爷爷！

指导教师：蔡永霞

我向往的初中生活

冯意涵　石家庄桥西实验小学六年级 5 班

今年夏天的蝉鸣比哪一年的都要聒噪，教室外的枝丫树叶疯长，却总挡不住烈日，我坐在教室里，听着同学们的琅琅读书声，带着回忆的阳光透过窗子打在我的身上，不偏不倚。我的内心总是隐约有些浮躁和少少的不安：小学最后一年了，这里的生活是那么幸福美好，令人难以忘记。于是闲暇时我也会想象，我初中的时光会是怎样？我会遇见许多新的老师，我要认识一个新的班级，我要踏足一个新的校园……这一切让我期待又紧张。

我想，初中又是一段崭新的生活的开端。在某个未知的校园中，又将迎来崭新的景象。记得我第一次走进桥西实验小学的校门，一片小竹林便映入我的眼帘，那片竹林苍翠欲滴，是我们玩耍的去处，也是我们寻找安静的净土。六年了，我们如竹笋拔节一般"疯长"，快要离开的时候，是那么地不舍。在我的新校园里面，会不会也有这样一片竹林？抑或是小树林、小草坪……犹如小学时光的那一抹青绿，继续承载我欢乐的时光，安抚我小小的忧伤！

我想，在那里，会不会有我可爱的耿老师一样的班主任，会像她一样看穿我的忐忑不安，喊道："冯意涵，你来答题。"也会大拇指向我一竖，我悬在半空的心落了下来。放学的时候会轻轻拥抱我们，也会在早上兴奋地和我们招手。她温暖的手，让我们感受到爱和鼓励，明白了奋斗和勇气的意义!

我想,在那个陌生的教室里,我会和许许多多来自不同学校的人坐在一起,我们会从相互陌生和胆怯中慢慢变得相互熟悉,我们会逐步变得团结,形影不离,就像我曾经在小学遇见的他们一样。

我想,我的班级一定将会热闹起来,我们一起学习,一起成长,我们也一起笑,一起哭,一起闹,在书声中成长,在下课铃后欢叫。我们把足迹的种子撒在新校园的每个角落,把欢快的笑声放进每个人的口袋里,我们在安静的教室里专注学习,更在时光中奔跑,在蓝天白云下打闹……像我曾经在小学遇见的他们一样。我没办法再和曾经的他们坐在一起,这会是我心中埋藏最深的遗憾,但是,我更加相信,我会遇见最好的初中同学,像我曾经遇见过的他们一样。

我一定会去一个我向往的初中,因为我们这群新生都带着新鲜的朝气和梦想;我想那里也一定有温暖的大手伸向我们,拉着我们走进美丽的校园,走向晨曦中洒满阳光的教室!我想,我和同学一定会兴奋地彼此介绍自己,欢乐地开启新的人生旅程!我的初中生活,你快点到来吧!

指导教师:耿晓彦